INTRODUCTION

2013年より連載が始まった漫画『魔法使いの嫁』(ヤマザキコレ著、ブレイドコミックス/マッグガーデン刊)。妖精や怪異を視ることができる人間の少女・羽鳥チセと、異形の魔法使いであるエリアス・エインズワースの交流と成長を描いた物語だ。繊細で緻密な絵柄と唯一無二の世界観、そして美しくも時に残酷なストーリーが人気を集め、若い女性を中心に幅広い層の支持を獲得。2022年9月時点で、コミックス累計発行部数は1000万部を記録している。

アニメ『魔法使いの嫁』はそんな原作の空気感をそのままに、チセとエリアスの生活を丁寧にアニメーションで表現している。原作愛にあふれたスタッフと実力派キャストが集結し、2016年には原作者のヤマザキコレが原案を務めたOAD『魔法使いの嫁 星待つひと』がイベント上映。翌2017年にはSEASON1がTV放送をスタートした。その後、2021年にOAD第2弾の『魔法使いの嫁 西の少年と青嵐の騎士』が制作され、2023年に原作の「学院篇」の物語を描いたSEASON2が分割2クールで放送された。

本書では、アニメーション制作の資料やスタッフ&キャスト陣のインタビューをたっぷりと紹介し、アニメ『魔法使いの嫁』の世界を掘り下げていく！

SEASON 1

不思議な存在を視ることができる 15 歳の少女・羽鳥チセ。
彼女はその能力ゆえに孤独を抱え、生きることを諦めようとしていた。
そんな彼女に手を差し伸べたのは、
エリアス・エインズワースという異形の存在――。
彼は、いまや絶滅寸前とも言われる〝本物の魔法使い〟の一人だった。
エリアスから、自分が「夜の愛し仔（スレイ・ベガ）」と呼ばれる
特異な存在であると教えられたチセは、
彼の弟子として、そして〝お嫁さん〟として、
魔法やこの世界に生きる〝隣人たち〟の存在を学ぶことに。
さまざまなひとと出会い、世界の理に触れるうち、
チセは何か大切なものを取り戻していく――。

SEASON 2

さまざまな困難を共に乗り越えていくことで、
少しずつ相手を知り、共に生きるための方法を
模索できるようになってきたチセとエリアス。
魔術師・カルタフィルスとの戦いは一応の決着を見せ、
チセの身体も間近に迫る死の危機を免れることができ、
二人のもとには穏やかな日常が戻ってきた。
そんななか、チセは魔術師たちの互助組織「学院（カレッジ）」からの招待状をもらい、
魔術師の卵たちと共に学び舎で過ごすことになる。
さらに、エリアスも臨時教師として彼女と共に学院へ行くことを選択。
これまでとは違う世界に触れ、今まで出会ったことのなかったひとたちと関わることで、
チセ、そしてエリアスの中には少しずつ変化が生まれていくのだった――。

COLUMN ①

キャラクター身長比べ

キャラクターの身長を比較するための「身長対比表」はアニメーション制作における重要な資料。
ここではその一部を公開する。それぞれの身長差に着目すると、意外な関係が見えてくるかも？

1. チセと同世代のクラスメイトたちは、身長も彼女と同じくらいの者が多い。ただしメイ＆エイプリルのアトウッド兄妹は飛び級をしておりチセよりも年下のため、やや小柄だ。

2. 学院の職員には転変者（ムリアン）も多いため、体格はさまざま。エリアスを見た目で怖がる者もいない。アリスはチセに比べると背が高いが、レンフレッドよりは頭一つぶん小さい。

3. ルツは犬の姿のときは大型犬サイズ。人の姿をするときはチセに身長を合わせている。ステラは大人びた印象があるもののまだ 10 歳（SEASON1 第 24 話以降は 11 歳）。きっと身長もこれから伸びるのだろう。

CHAPTER I

CHARACTER

夜の愛し仔（スレイ・ベガ）

Chise Hatori
羽鳥チセ

声 種﨑敦美

自らを競売にかけた日本人の少女。「夜の愛し仔（スレイ・ベガ）」として、尽きることなく魔力を生み、吸収することができる。500万ポンドでエリアスに買われ、彼の弟子、そして〝嫁〟として、イングランドにある彼の屋敷で暮らすようになった。幼い頃、母に首を絞められた経験とそのときに言われた言葉が〝呪い〟となっており、それゆえに自分をないがしろにしがちだったが、さまざまな人と出会い生きる意志を獲得。「学院(カレッジ)」に通うようになってからは同年代の友人も増えた。

望みが叶えられるかどうかはわからない
ただ 聞いてなんとかしようと動くことはできる

表情集

短髪

幼少期

Transform animal version

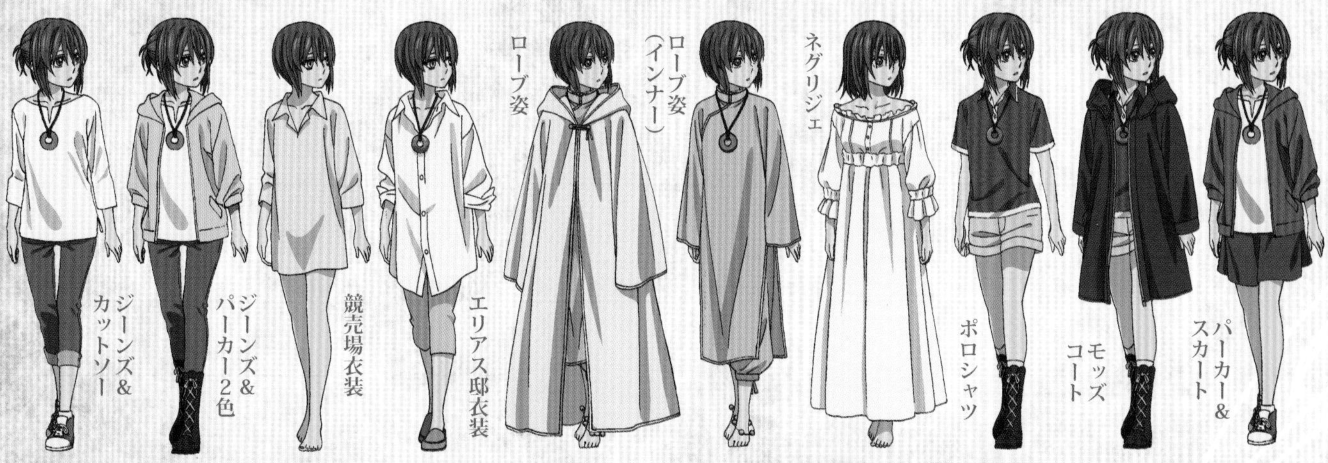

SEASON1

私服はジーンズやショートパンツにパーカーを合わせるなど、動きやすい服装が多い。SEASON1 ではエリアスにもらったまじない石のペンダントを首にかけていた。

SEASON2

竜（ドラゴン）の呪いの影響で黒くなった左腕。その薬指にはエリアスとお揃いの指輪が光る。伸びた髪はブッシュクラフトの際に誘喰馬（エッヘ・ウーシュカ）に食べさせてしまった。

Favorite

シルキーの手料理

クリスマスプディングやサンドイッチなど、これまでチセのためにさまざまな家庭料理を作ってきたシルキー。エリアスやルツと食卓を囲んで彼女の手料理を食べるとき、いつもチセの顔には安らいだ表情が浮かぶ。

Skill

〝呪い〟がもたらす恩恵

チセが宿すことになった不死の呪いと竜の呪い。そして、無尽蔵の魔力を生み出せる「夜の愛し仔」としての特性。それらは同時に、死なない身体と力の強さ、そして膨大な魔力という彼女の〝才能〟にもなっている。

Character

口よりも雄弁な手足

思い立ったら口に出すよりも先に身体が動くチセ。時には誰かのために自らを犠牲にしようとすることも多かったが、自分を大切に思ってくれるひとがいることを知り、徐々に違うやり方も考えるようになってきた。

カルタフィルスのキメラにチセが傷つけられたとき、衝動的に暴走状態になったエリアス。彼女が自分の前からいなくなってしまったときもこの姿で雪の丘を彷徨っていた。

骨の頭をした異形の魔法使い。以前はラハブにもらったループタイを着けていたが、今はチセからもらったものを着用している。ラハブにもらったものはチセに着けてあげた。

Favorite

友達と呼べる存在

学院でシメオンと〝友達〟になったエリアスは、彼と話すなかで、今まで知人だと思っていた人も友達なのかもしれないと気がついた。エリアスにとって彼らは、チセとはまた違った意味で特別な存在なのだろう。

Skill

影の茨（ソーン）

「影の茨」という呼び名の通り、影に潜んだり、茨の蔓を伸ばしたりできるエリアス。また、今では数少なくなった本物の魔法使いの一人であり、いろいろな魔法を使うこともできる。ただし本性が影のため、浄化の魔法は苦手。

Character

一歩ずつ感情を学習中

数百年を生きるエリアスだが、自分や他者の感情についてはよくわかっておらず、チセや周囲に教わりながら一歩ずつ学んでいる真っ最中。「さみしい」という感情を知ってからは、それを理由にチセに甘えることも増えた。

エリアス・エインズワース

Elias Ainsworth

茨の魔法使い

声 竹内良太

——僕は人間でも妖精や精霊でもない半端者でね

競売でチセを買った魔法使い。人らしい振る舞いをしているが本質は〝影〟であり、ラハブによると〝限りなく精霊や妖精寄りだが、わずかに人間も入った存在〟らしい。ゆえに人間に共感することができなかったが、チセからいろいろなことを教わり、少しずつ人間の考え方や自身の感情を解するようになってきた。300年前にリンデルに拾われ、ラハブに「エリアス」と名付けられたという過去を持つが、それ以前のことはあまり覚えていない様子？

Ruth

声 内山昂輝

ルツ

死の先触れ 墓守の犬（チャーチ・グリム）

黒妖犬（ブラック・ドッグ）

俺をお前のそばへ連れていってくれないか

元はイザベルという少女に飼われる普通の犬だったが、彼女の死後に墓を守る妖精・黒妖犬になり、エリアス邸の近くの教会に居座り続けていた。チセたちと出会った当初は自分のことを人間だと思っていたものの、ウィル・オー・ウィスプに諭され黒妖犬として覚醒。自らチセに〝結び〟を求め、彼女の使い魔となる。感覚や感情、時間などすべてをチセと共有しているため、自分のことをなかなか口に出さない彼女を支えるよき理解者になっている。

表情集

過去

冬コート

犬型

犬の姿のときは大型犬ほどのサイズで、チセを背中に乗せて走ることもできる。なお、チセが付けた「ルツ」という名前は、ヘブライ語で「哀れみ深い友」という意味だ。

person involved

イザベル

声 種﨑敦美

チセとよく似た赤毛を持つ少女。ルツが普通の犬だった頃の飼い主。当時のルツは「ユリシィ」という名前で、彼女にきょうだいのようにかわいがられていた。

Favorite

〝好き〟の感情は尻尾に表れる

チセから褒められたりキスをしてもらったりしたときや、家の周りに綿蟲がたくさん飛んでいたときなど、ルツの尻尾がパタパタと動くときは、彼がうれしかったりワクワクしていたりする証拠だ。

Skill

戦闘も探索もお任せ！

墓荒らしを地獄の門まで追い立てる墓守犬（チャーチ・グリム）であるルツは戦闘能力も高く、危険な存在がチセの前に現れたときは鋭い牙で威嚇したり、噛みついたりする。また、隠れた者をにおいで追うのも得意。

Character

チセの兄的存在

チセの身を守るルツは、彼女が関わる人物をチェックすることも怠らない。信頼できそうな人にはチセの気持ちを代弁して伝えたり、胡散臭そうな人は彼女から遠ざけようとしたり。まさに兄のような存在だ。

表情集

エリアス邸に住まう家事妖精で、炊事や洗濯、掃除、火の番など、あらゆる家事を取り仕切っている家の女主人的存在。もともとは泣き女（バンシー。家に憑き、その家の人が亡くなると泣いて死を悼む妖精）だったが、憑いていた家が絶えてしまい路頭に迷ってしまった。そんなときにスプリガンに導かれ、家と明かりを守る妖精になった。チセやエリアスが帰宅すると、いつも温かく迎えてくれる。チセたちからは「銀の君」と呼ばれている。

声 遠藤綾

家事妖精（ブラウニー）の絹女給（シルキー）シルキー

Silky

過去

泣き女だったころの姿。目は真っ赤に腫れ、頬には涙の跡がくっきり。主を失い、今にも泡のように消えてしまいそうだったが、スプリガンのおかげで新たな仕事を見つけられた。

Favorite

チセのお世話

エリアス邸にチセがやってきて以来、シルキーは彼女の世話を焼くことを楽しんでいる。チセが学院に行くことが決まったときは、制服の採寸を率先してお手伝い。ウキウキとしながらメモを取っていた。

Skill

食べた人を魅了する絶品料理

シルキーが作る料理は食べた人を唸らせる美味しさ。アリスが家に遊びに来たときには、一口食べて「うまいレシピ欲しい」と絶賛！　ルツも毎回、頬がいっぱいに膨らむほど料理を口に詰め込んで味わっている。

Character

主の帰りを健気に待ち続ける

チセとエリアスが家を空けるときは留守番となるシルキー。チセたちが妖精の国へ行ってしまったときや学院が封鎖されたときなど、長く不在が続くと不安も頭をよぎるが、それでも彼女は健気に主の帰りを待ち続ける。

Angelica

石切蜂（ジェムズ・ビー）アンジェリカ・バーレイ

声 甲斐田裕子

……あんまりいい子でいるんじゃないよ

絶滅寸前の魔法使いの一人。魔法機構（マギウス・クラフト）の技師で、ロンドンの一角に工房を構える。エリアスとは幼い頃から知り合い。面倒見がいい性格で、チセのことも自分の娘のように思っており、「夜の愛し仔」の魔力を抑えるための道具を作ってあげたり、時に優しく、時に厳しい助言で彼女の背中を押したりしている。

表情集

person involved

デイビッド・バーレイ
声 福田賢二

アルシア・バーレイ
声 朝井彩加

アンジェリカの夫・デイビッドは魔法使いではなく普通の人間。娘のアルシアはアンジェリカと同じく魔法使いの素質があり、母のような技師になりたがっている。

Familiar

ヒューゴ
声 久野美咲

アンジェリカの使い魔の水妖（ヴォジャノーイ）。いたずら好きだが、仕事のときは真面目にアンジェリカを手伝っている。チセが初めて魔法の練習をしたときに力を貸した。

Simon 声 森川智之

サイモン・カラム

教会の神父でエリアスの監視役

今日は君たちにちょっとしたおつかいを頼みにきたんだ

チセたちが暮らす村の神父。教会の命で 10 年前からエリアスの監視役という立場にあるが、普段は良好な関係を築いている。ただし、エリアスからはずっと知人扱いをされていた。優しく裏表がない性格で、チセがエリアス邸にやってきた事情や経緯も理解し、彼女のことを気にかけている。

表情集

リンデル Lindel

百花の歌（エコーズ）

今夜は特別に
咲いてもらおう

声 浪川大輔

表情集

竜（ドラゴン）の国の管理者を務める魔法使い。かつて記憶がない状態で彷徨っていたエリアスを拾い数年間世話をしていた、彼の師匠的な存在。チセのことは孫のように思っており、彼女が杖を作るサポートをした。「百花の歌（エコーズ）」という二つ名の通り、歌を呪文代わりにする。また、傷や病を癒す「薬の手」も持つ。

Familiar

メリトゥーリ
声 潘めぐみ

人とアザラシ、両の姿を持つ妖精・海豹人（セルキー）。リンデルの使い魔で、竜の国を離れられない彼に代わって、チセやエリアス、アドルフに伝言を届けに行く。

リンデルとエリアスの師

ラハブ Rahab

……あんまり年寄りを
驚かせてはいけないよ

表情集

声 三石琴乃

チセたちが暮らす世界とは時間の概念が異なる霧深い小島で、一人で生活している魔法使い。世話好きかつ名付け好きで、エリアスとリンデルの師匠であり、名付け親。また、リンデルと別れたあとのエリアスに人間らしい振る舞いを教えた人物でもあり、彼がチセに対して言う「お嫁さん」という言葉も元はラハブが教えたものだった。

Alice

レンフレッドの護り手

アリス・スウェーン

声 田村睦心

だから次はあたしが
あんたを選ぶ番だ
ミハイル・レンフレッド

レンフレッドの弟子であり、彼の護り手。劣悪な環境にいた幼少期の自分を救ってくれたことに強い恩を感じ、力になりたいと思っている。だが同時に、自分を娘のようにしか見ていないことに歯がゆさも抱えており、自らと似た立場にいるチセに悩みを相談することもある。学院で魔術について学びながら、護り手として精進中だ。

ウィル・オー・ウィスプ

声 石田彰

墓や森に棲み、人を惑わす青い鬼火の妖精。アリスに満ちる火の匂いを気に入り、使い魔になった。直情的なアリスに助言をすることもあり、彼女からは「にいさん」と呼ばれている。

Familiar

Renfred 隻腕の魔術師

ミハイル・レンフレッド

声 日野聡

だがあれは
俺の娘だ

学院に出入りする魔術師で、アリスの師匠。チセと初めて出会った頃は、カルタフィルスに脅されてキメラの材料集めをさせられていたが、元来の性格は真面目で優しく、誠実だ。人外嫌いのためエリアスに対して冷たく当たることも多いものの、彼やチセのことをいつも気にかけている。酒に酔うとネガティブになるという一面も。

お前が、お前を犠牲にして得ようとしたものと、僕が欲しいもの、何が違うっていうんだ

Cartaphilus

彷徨えるユダヤ人

カルタフィルス

声 村瀬歩

少年のような姿をした魔術師。「神の子に石を投げて不死の呪いを受けた」という伝説を持つ存在と墓守りの少年・ヨセフが融合し、さらに多くの人間を取り込んで永遠の時を彷徨ってきた。呪いを解く方法を追い求め、そのためならばどんな残忍なことでもしてきたが、チセに敗れたあとはエリアス邸の東屋で眠りにつき、時折彼女の悩みを聞いてあげている。

仕事ならば金額と内容によってはお受けいたしますよ

Seth

非公式競売会の競売人（オークショニア）

セス・ノエル

声 諏訪部順一

表には出回らない品々が取引される裏の競売会の競売人。実は名門・ウェブスター家の出身だが、若い頃に家を追い出されている。人生に悲観していたチセに彼女自身を競売に出品するよう提案した人物で、竜の雛が出品された際には彼女が競売に参加できるよう手引きした。さらに、ルーシーの兄として学院に現れるなど、何かとチセと縁がある。

person involved

セスと一緒に行動しているアシスタント。ニコラスはセスの護衛役でもあり、学院にも一緒に来ていた。セスを待っている際に人狼に襲われたが、マリエルに助けられた。

Chimera

イザベルのキメラ

カルタフィルスが研究のためにさまざまなものを繋ぎ合わせ、作り出したキメラ。レンフレッドやアリスに材料集めをさせており、当初はルツのことも材料にしようとしていた。

妖精王（グリーアン）
オベロン
声 山口勝平

やっぱり貴方たち
こちらで暮らすべき
ではなくて？

で
子供はまだ？

常若ノ國の王で、ティターニアの夫。自由奔放なお調子者で、妻からは「不出来な夫」「能無し」と言われるが、時には王としての大らかさと厳しさを覗かせることも。ティターニアと同じくチセやエリアスを我が仔のように思っており、チセと暮らすことで生じるエリアスの変化も面白がって見守っている。ティターニアからお仕置きされるのが大好き。

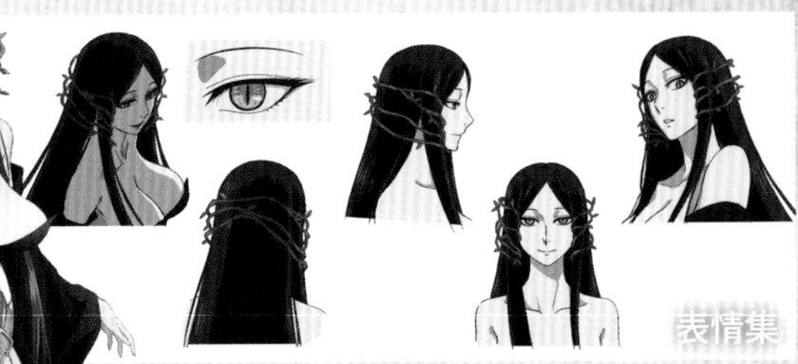

妖精の女王（ゲアラハ）
ティターニア
声 大原さやか

妖精たちが暮らす「常若ノ國（ティル・ナ・ノーグ）」の女王。夜の世界に連なるモノはすべてかわいい我が仔であると考えており、チセやエリアスにも慈しみと哀れみの眼差しを向ける。チセがエリアスの前からいなくなった際には、〝枝〟を伸ばしてエリアスがチセを探す手助けをした。しばしばチセたちに妖精の国で暮らすよう誘いかけている。

シャノン
声 下田麻美

人間の子どもと取り替えられ、半世紀もの時間を人間の世界で過ごした妖精。人間の世界にいたときは医者をしており、妖精の国でも〝蟻塚〟で病院を営んでいる。生きる気力がなかったチセに、意志は何よりも強い力になることを教えた。

シャノンと取り替えられ、妖精の国で育てられた人間。人間の世界で暮らしていたシャノンを妖精の国に呼び戻し、彼女の夫となった。人間が長い間妖精の国にいたことによる影響で、下半身が獣のような姿に変容している。

シャナハン
声 内田雄馬

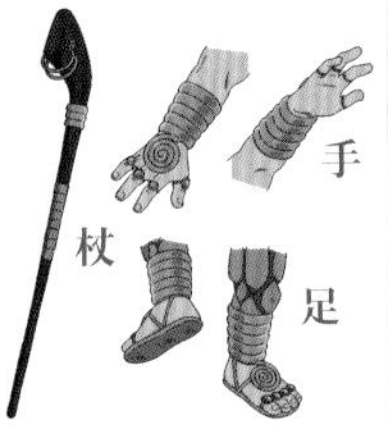

スプリガン
声 安元洋貴

ティターニアに仕える丘の防人。任務に真面目な頑固者で、気まぐれな主に振り回されることも少なくない。エリアスや人間を忌み嫌っているが妖精に対しては優しく、主を失った泣き女だった頃のシルキーに新たな道を示してやった。戦いの際には岩の巨人のような姿になる。

Donkey& Dogs

妖精王一行
ティターニアを乗せて歩くロバと、その脇に控える妖精犬たち。妖精犬はスプリガンの命令に忠実に従い、彼に命じられればオベロンに噛みつくことも。

エアリエル
声 内藤有海

新しいものに敏感でいたずら好きな空気の精。あらゆるものを消し去り、どんなものも風化させる〝風〟を操るので、浄化の魔法には適任。チセと言葉を交わすうちに「夜の愛し仔」としてだけでなく彼女自身のことも好きになり、チセの頼みに力を貸すようになった。

我らをとらえ縛る一族の末子に贈り物を

何千年もの時を生きる存在

灰ノ目

エリアスのもとにときどき交流しに来る、人ではないモノ。チセに人狼の毛皮を被せたり、ステラに〝遊び〟を持ちかけたりと、厄介ごとを引き起こしては、そのなかで人があがき成長しようとする姿を眺めることを楽しんでいる。カルタフィルスも彼の観察対象の一人だった。エアリエルの力を借りたエリアスと戦った際に首を落とされたが……？

声 中田譲治

チセの人間の友達

ステラ・バークレム

イーサンを、弟を見つけるの手伝って…!!

声 諸星すみれ

ロンドンに住む少女。祖母の家に遊びに来た際に灰ノ目が仕掛ける〝遊び〟に巻き込まれ、お菓子を対価としてチセに助けてもらった。以来、チセとは友達関係に。怪異を視ることができない普通の人間だったが、エリアスによってチセの身代わりにされそうになったり、カルタフィルスに身体を乗っ取られたりと、何かとトラブルに巻き込まれがち。

ステラの弟。身体が弱く、風邪を引きやすい。姉と喧嘩をした際に「あんたみたいなわがままな弟いらないわよ！」と言われてしまい、それを聞きつけた灰ノ目に攫われることに。

person involved
イーサン・バークレム
声 金元寿子

ピュリス

声 田中真弓

マリエルが所属するカヴンの司祭。人間が生きる世界とは〝別の層〟に呪いを封じようとして失敗し、そこから離れられなくなってしまった。マリエルの母のような存在で、時に優しく、時に厳しく、彼女を諭し導いている。

山羊飼いの魔女

マリエル

ねえ あなた 魔女になる気はない？

カヴンというグループを組み、仲間と共に生きる「魔女」の一人。ピュリスを救うために必要な竜の血を求めて、チセに接触した。呪いの対処法に詳しい魔女たちのなかでも、特に〝呪いをほかに移す方法〟に精通している。人狼に襲われたニコラスを助けた縁で、学院から盗まれた魔術書「カルナマゴスの遺言」の写本探しをすることに。

声 坂本真綾

イサク

声 興津和幸

マリエルと同じカヴンに所属する魔女。一見マリエルと同世代のようだが、実は彼女よりも何百歳も年上。狼に変身することができ、鼻が利く。報酬目当てでマリエルと共に「カルナマゴスの遺言」の写本の行方を追った。

ヘーゼル

声 松川裕輝

運び屋の仕事をしているセントール。チセとエリアスに学院へと繋がる〝裏道〟を案内した。人当たりがよくチセに対しても友好的だが、時には親でも友達でもない立場から彼女の無鉄砲さをたしなめることも。

ネヴィン

声 大友龍三郎

500年の時を生きた旧き竜。チセに空を飛ぶ夢を見せたのち、菩提樹（リンデンバウム）の苗床になって地に還っていった。その後もたびたび、チセが幻視した世界に現れ、そっと彼女の背中を押す。

ミナ

声 沼倉愛美

かつてウルタールで夫のマシューや飼い猫のティムと暮らしていた女性。身体が弱く、ベッドからなかなか離れられない生活を送っていた。マシューが作った〝霊薬〟を飲んで命を落とし、その後〝澱み〟の核になってしまった。

ウルタールの猫

猫の集う町・ウルタールに住む猫たちは自分たちの王を掲げ、王は代々、崇敬を受ける代わりに自らの命を使って〝澱み〟を縫い留める役目を担ってきた。最初の王になったのがティム。現在の王・モリィが〝澱み〟の浄化をチセたちに依頼した。

モリィ

声 佐久間レイ

アリー

声 Lynn

モリィの飼い主。生まれた頃からずっとモリィに見守られて成長してきた、彼女の娘のような存在。人懐っこく、家の前でモリィと会話をしていたチセに興味を持ち、話しかけてきた。

バーニー

声 高橋伸也

ジャスパー

声 長谷川芳明

ティム

声 三瓶雄樹

マシュー

声 上村祐翔

ミナの夫。妻を愛する心をカルタフィルスに利用され、たくさんの猫の命から〝霊薬〟を精製してしまった。ティムに殺されて〝澱み〟となり、ウルタールの地に長く縫い留められていたが、チセのおかげでミナと再会することができた。

ジョエル・ガーランド

声 梅津秀行

エリアス邸の近くに住む老齢の男性。小説を書くのが趣味。妻と死別後、バラの世話をしながら一人で生活していた。遠き日に正午の光の中で見かけたリャナン・シーのことを思い続けており、彼女に命を捧げてこの世を去った。

リャナン・シー

声 早見沙織

若い男性に取り憑いて、血と引き換えに才能を与える吸血鬼。バラの庭で目が合ったジョエルに心を奪われ、以来、血を吸うことなく彼の傍に居続けていた。チセが作った「妖精の塗り薬」を使い、ジョエルと言葉を交わすことができた。

ならあたしは怒りたいの！
これからをなんとかしたいの！

書紡ぎ蜘蛛（ウェブスター）の生き残り

Lucy

ルーシー・ウェブスター

声 津田美波

制服（カーディガン）
Tシャツ＋ショートパンツ
私服（肝試し）
私服（冬至）
ガウン

病院着
ジャージ

表情集

子ども時代（エプロンなし）
子ども時代（エプロンあり）

学院に通うようになったチセのクラスメイトかつルームメイト。思ったことをストレートに口にするため威圧的な印象を与えがちだが、根は優しく友達思い。魔術書の作成や写本を生業とする名門・ウェブスター家の出身で、家系が根絶やしにされた「書紡ぎ蜘蛛の悲劇」という事件の唯一の生き残り。兄のセスとは長年不仲だったが、和解することができた。

ウェブスター家の蜘蛛

〝守護〟のスクリム＝ジョー　Rian

リアン・スクリム＝ジョー

俺は他人に魔術を使うのは苦手だが自分に使うのは得意だぞ？

声 山下誠一郎

チセのクラスメイト。真面目で冷静、曲がったことを嫌う真っ直ぐな性格。トーリーとは師弟関係で、彼のために魔法のことを知りたいと思いチセに話しかけた。名門「七つの盾」の一つ「守護のスクリム＝ジョー」の嫡男。フィロメラとは幼馴染で、彼女の優秀さを知っているがゆえにその卑屈な発言に苛立ちを覗かせることも。

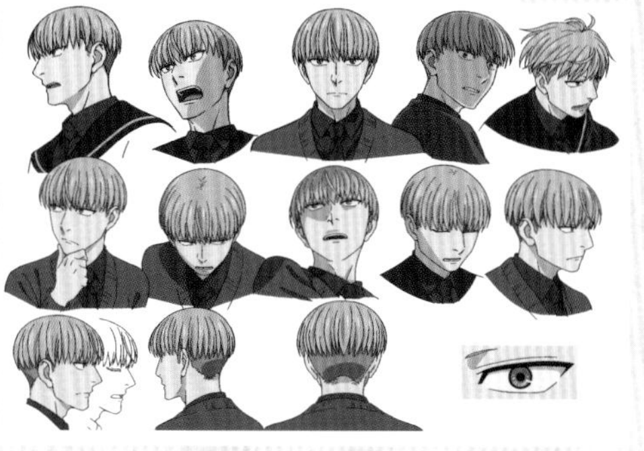

表情集

制服（カーディガン）
ベスト＆コート
ベスト
タートルネック
ガウン（ベスト）
子ども時代（ニットベスト）
子ども時代（通常ベスト）

蛇髪族（ゴルゴーン）と人間の血を引く少年
ゾーイ・アイビー Zoe

声 小林大紀

あわよくば ルーシーの
ピンチな時にって思ってたけど
そううまくはいかないなあ……

表情集

チセのクラスメイト。蛇髪族（ゴルゴーン）の母と、魔術師で亜人言語研究者の父を持つ。幼い頃から身体が不安定で蛇髪族の能力をうまく使えずにいたが、学院生活でさまざまな経験をして成長。怖がりな面もあるが、いざというときには勇気を示す。人狼との戦いでは新たな能力も垣間見せた。ルーシーのことが気になっている。

フィロメラに手を差し伸べる鍛冶の家の子
アイザック・ファウラー Isaac

声 西山宏太朗

愚痴ぐらい吐かないと
やってられないよ 僕たち

表情集

チセのクラスメイト。スクリム＝ジョー家と代々取引のある鍛冶の家の子で、リアンとは幼馴染。「七つの盾」のような名門の出ではないが、そのぶんチセやゾーイにも初対面からフレンドリーに接していた。幼い頃は家の中で出来損ない扱いをされていたため同い年で同性のリアンに劣等感を抱いており、逆にフィロメラへは仲間意識を感じている。

リッケンバッカー家の〝影〟

フィロメラ・サージェント

Philomela

声 河瀬茉希

リッケンバッカー家に仕え、諜報などを専門に行うサージェント家の娘。身体能力が高く優秀だが、リズベスのもとで抑圧的に育てられたため自分の意見を言うことができず、自己肯定感も低い。リズベスの命令で「カルナマゴスの遺言」の写本を使い、学院の生徒や教師から魔力を奪っていたが、チセたちの助けで祖母の呪縛から脱することができた。

私――ずっと誰かに私をたすけてほしかったのね

表情集

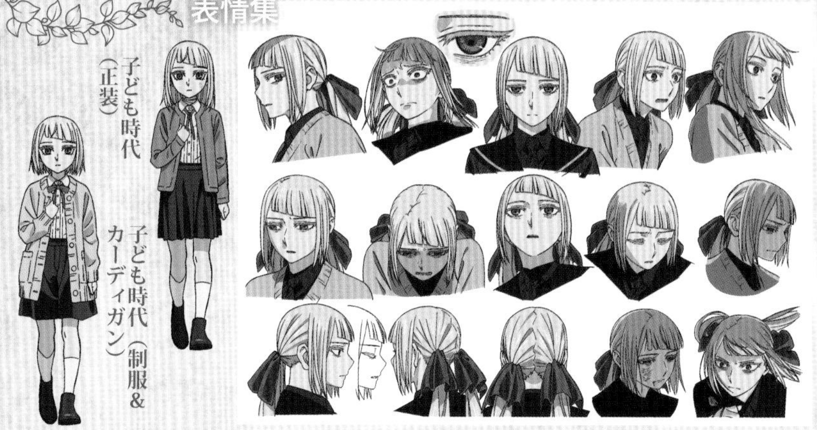

サージェント家の当主

リズベス・サージェント

Lizbeth

声 定岡小百合

フィロメラの祖母。優秀な魔術師だったがなかなか子を宿せずに謗られ続け、ようやく産まれた息子・アダムも失ってしまった過去を持つ。息子を蘇らせるため、フィロメラを操って「カルナマゴスの遺言」を使った一連の事件を引き起こした。「書紡ぎ蜘蛛の悲劇」を計画した張本人でもあったが、その真相を明かさぬままこの世を去る。

お前が必要よ フィロメラ

表情集

person involved

アルキュオネ

声 木下紗華

フィロメラを守るためにアダムが作った人造精霊。エリアスと友情が芽生えつつあったが、リズベスの攻撃を受けて破損。自分がしたためた〝記録〟をフィロメラに遺して消滅した。

イリス

声 河瀬茉希

アダム・サージェント

声 野島健児

フィロメラの両親。アダムは、実験台としてリズベスが連れてきたイリスに心を奪われ、彼女と駆け落ち。身を隠しながらフィロメラを育てていたが、追っ手に見つかり二人とも命を落とした。

ねえ　フィロメラ
何か私に話すことはない？

〝医療〟のリッケンバッカー

Veronica

ヴェロニカ・リッケンバッカー

声 上田麗奈

表情集

チセのクラスメイトで、名門「七つの盾」の一つ、「医療のリッケンバッカー」の息女。幼い頃にフィロメラを自らの付き人に指名した。学院内では、メイとエイプリルのアトウッド兄妹、そしてフィロメラとセットで行動することが多い。大人びており、どこか達観したような雰囲気を放つ。いつも笑顔を絶やさないが、その裏には……？

制服（カーディガン）

私服

子ども時代（マントあり）

子ども時代（マントなし）

Attendant

フィロメラと同じくヴェロニカに仕える兄妹で、兄のメイが12歳で、妹のエイプリルが11歳。メイは魔法の授業で火蜥蜴（サラマンダー）の怒りを買い、痛い目を見た。

エイプリル・アトウッド
声 内山茉莉

メイ・アトウッド
声 夏谷美希

〝獣殺し〟のセント＝ジョージ

ジャスミン・セント＝ジョージ

声 田中美海

ワンピース&ポンチョ

制服（カーディガン）

ヴァイオレット・セント＝ジョージ

声 山下大輝

パジャマ

制服（カーディガン）

僕たち双子なんだよ

チセのクラスメイトで、名門「七つの盾」の一つ、「獣殺しのセント＝ジョージ」の双子。ジャスミンが女性で、ヴァイオレットが男性。家族たちは家のことには興味がないヴァイオレットの代わりにジャスミンを後継ぎにしようとしているが、ヴァイオレットはそれを快く思っておらず、彼女を家から連れ出したいと思っている。

そのほかチセのクラスメイト

ソフィア・ヒーリー
声 月嶋真弓

ベアトリス・バーン
声 佐藤はな

ラザラス・マクガヴァン
声 滝口巧

マーティン・チャンドラー
声 大西弘祐

ロイ・トルーマン
声 藤原聖侑

ケヴィン・フォーブス
声 内田修一

まだ立てないだろ
魔力が戻るまで休んでな

〝魔法馬鹿〟の魔術師 トーリー・イニス

声 小西克幸

学院に所属する魔術師で、魔法と魔術の違いを研究している。魔法に対して強い関心を持っており、「夜の愛し仔」であるチセにも初対面のときから興味を示していた。また、エリアスが「カルナマゴスの遺言」を読むための手助けをしたこともある。リアンとは師弟関係であり、彼の成長を温かく見守っている。

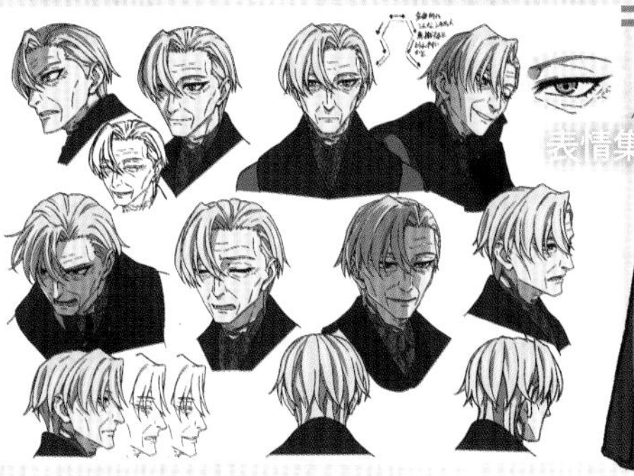

惨めったらしく己の満足を
撫でるだけの情愛を
引っ込めなさい

切れ者の学長 ライザ・クウィライン

声 小山茉美

英国学院を束ねる学長であり、切れ者かつやり手の魔術師。観察眼が鋭く、チセと初めて顔を合わせた際、すぐに彼女の性格を見抜いていた。普段は上品で物腰柔らか、常に余裕に満ちあふれているが、学院を守るためには時として強引で荒っぽい手段をとることも。

Cats

声 玉川砂記子

ライザと契約を結んでいる精霊猫（ケット・シー）。普段は猫の姿で〝寮母〟として生徒たちを見守るが、有事の際には精霊の姿に。学院を丸ごと封鎖するほどの魔法を使える。

見返りなき奉仕なんかより
信頼できるだろ？

廃棄塔に縫い留められた魔術師 ファビオ・ザッケローニ

声 古川慎

ルーシーの代わりに廃棄塔での採集アルバイトに参加したチセたちが出会った魔術師。ある事情から学院の廃棄塔に縫い留められている。学院が封鎖されてからはヴァハマンと共に生徒たちに特別授業を行い、チセたちがサージェント家へ向かった際は同行して生徒の監督をしていた。使い魔を思うままに操れるが、ヴァハマンには弱い。

学院で働く事務員 アドルフ・ストラウド

かつてはリンデルのもとで学んだが、才能が半端なために魔法使いにも魔術師にもなることができなかったという過去を持つ。ただし事務員としては優秀で、学院のあらゆる雑務をこなしているほか、観察眼が鋭く周囲への気配りもうまい。エリアスの些細な変化やレンフレッドが抱える愚痴にもすぐに気づき、さりげなくフォローしている。

魔力はあんまり
ないんですけどね
視力はそこそこ……

声 鈴村健一

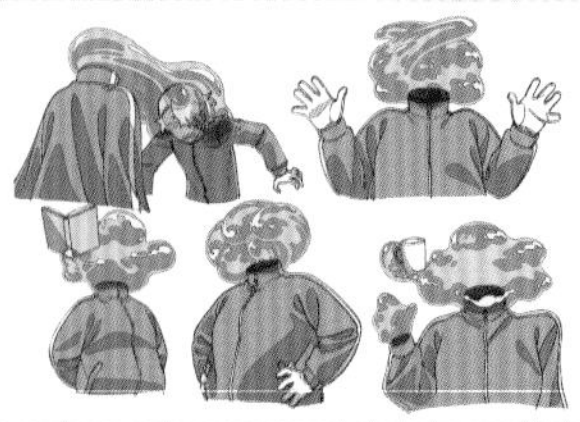

最上嗣生

声 ウーピー

学院の教師。体育の授業を担当しており、ブッシュクラフトの引率も務めた。気を急いて実験を行った結果、スライムのような体になってしまったという過去を持ち、成長を急ぐアリスのことも心配しながら見守る。

シグリ・ヴァハマン

声 柚木尚子

学院の教師。ルーシーが申し込んだ廃棄塔での採集アルバイトの引率を務める予定だった。ザッケローニとは姉弟子・弟弟子の関係。学院封鎖後は彼の授業のお目付け役を務め、その型破りな言動に苦言を呈することもあった。

アレクサンドラ・ヒース

学院の救護室（メディカルルーム）を担当している、人体好きの魔術師。実験で姿かたちが変わってしまった「転変者（ムリアン）」で、芋虫のような姿をしている。チセの身体を検査したり、体調不良の生徒の世話をしたりする。

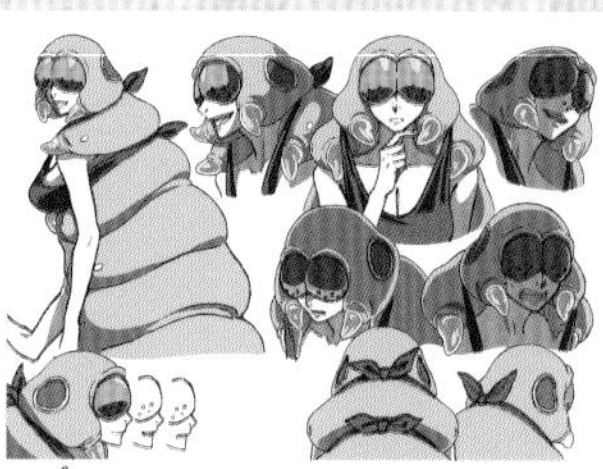

声 遠藤綾

学院の教師で、言語分野の担当。チセが初めて参加した授業で教鞭をとり、彼女を「普通の生徒」と評していた。

ナルシス・モーム

声 鳥海浩輔

グレゴリー

声 増元拓也

学院長であるライザの仕事を忠実にサポートする学院の副学長。熊のような巨大な獣に変身することができ、クリスマスパーティーの際には、「カルナマゴスの遺言」の影響で異形の姿になったフィロメラに立ち向かった。

学院の教師で、音の魔術を研究している。気さくで親切、誰とも分け隔てなく接するタイプで、エリアスのことも最初から怖がらなかった。「カルナマゴスの遺言」に襲われたところをエリアスに助けられ、彼と友達になった。

シメオン・パラディール

声 岩田光央

病院着

冬の女神

声 川澄綾子

既に信仰を失った、冬を司る古い神。ヤドリギを求めて、フィロメラを追うチセの前に現れた。チセから「モリガン」の名を呼ばれたことで戦争の狂乱の神としての権能をわずかに取り戻し、チセたちの戦いに力を貸した。

ガウンあり

ガウン無し

人狼（男）

声 神尾晋一郎

人狼（女）

声 能登麻美子

子どもを奪われ、リズベスのもとで働かされていた人狼のつがい。「書紡ぎ蜘蛛の悲劇」も、彼らがリズベスに命じられ手を下した。人狼（男）は〝裏道〟の〝猟犬〟たちに命を絶たれたが、人狼（女）はゾーイの力でリズベスの呪いから解放された。

OTHERS

雪蟲（大人）
綿蟲
ボガート
サラマンダー
岩食いトカゲ
雪蟲（子供）
グレムリン
門番
綿蟲（毛刈り後）
1つの石は小さいのが複数体
バリエーション
処理参考
基本形
目up
工房の妖精（石の精）
火の妖精A
火鼠
工房の妖精（双頭の飛竜）
火の妖精B
火の妖精C
紙のような妖精
墓地の怪異
竜（グィー種）暴走
墓地の怪異2
竜（ベァナ種）雛
竜（グィー種）
情報屋の店主
竜（グィー種）雛
竜（ウーイル種）
竜（ウーイル種）雛
竜（ベァナ種）
マンドレイク

COLUMN ②

英国学院《カレッジ》案内

SEASON2でチセが聴講生として通うことになった魔術師たちの学び舎「学院（カレッジ）」。大英図書館の地下にあり、それぞれ専門が異なる七つの塔で構成されている。

教室塔

生徒たちが授業を受ける教室がある塔。チセは学院に来た当初、アリスに教室まで案内してもらった。

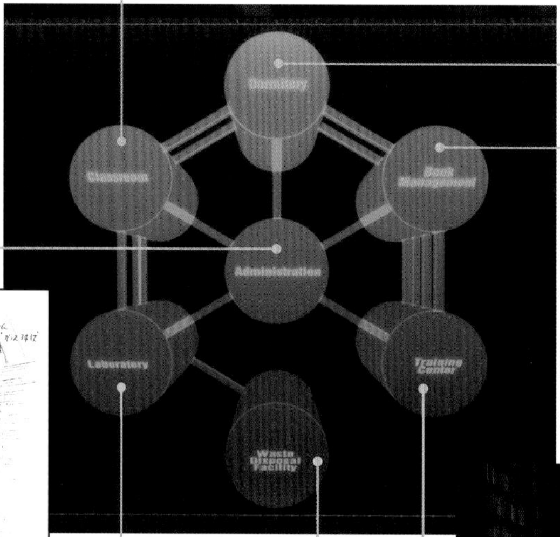

宿舎塔

教師や生徒が寝起きする場所。男女でフロアがわかれており、よほどの理由がなければ異性のフロアには入れない。

図書管理塔

本を貸し出ししたり、貴重書を管理したりする場所。「カルナマゴスの遺言」の写本も盗まれる以前はここに保管されていた。

実験塔

学生ではない魔術師たちの研究室が集まっている。トーリーは普段、ここで研究活動を行っている。

管理塔 学院の中心となる棟で、エントランスやアドルフが仕事をする事務室などがある。

廃棄塔 貴重な植物や鉱物が手に入るが、一方で危険もいっぱい。引率がいないと生徒は入ることができない。

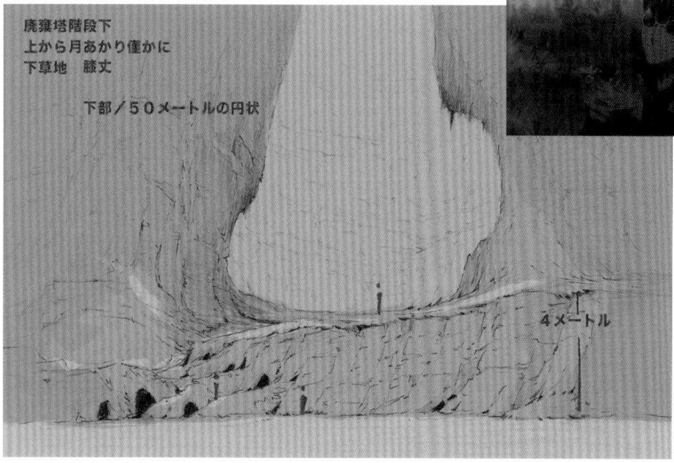

鍛練塔

運動や実習をするための設備やトレーニングルームがある。中にはボルダリングができる部屋も。

CHAPTER II

STORY SEASON 1

#1 April showers bring May flowers.

脚本／高羽彩　コンテ／長沼範裕　演出／金森陽子　作画監督／井川麗奈

なんでもいい
ただ帰れる場所が欲しい

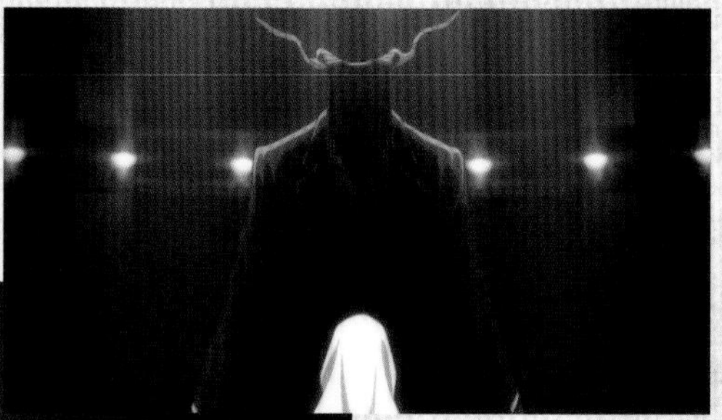

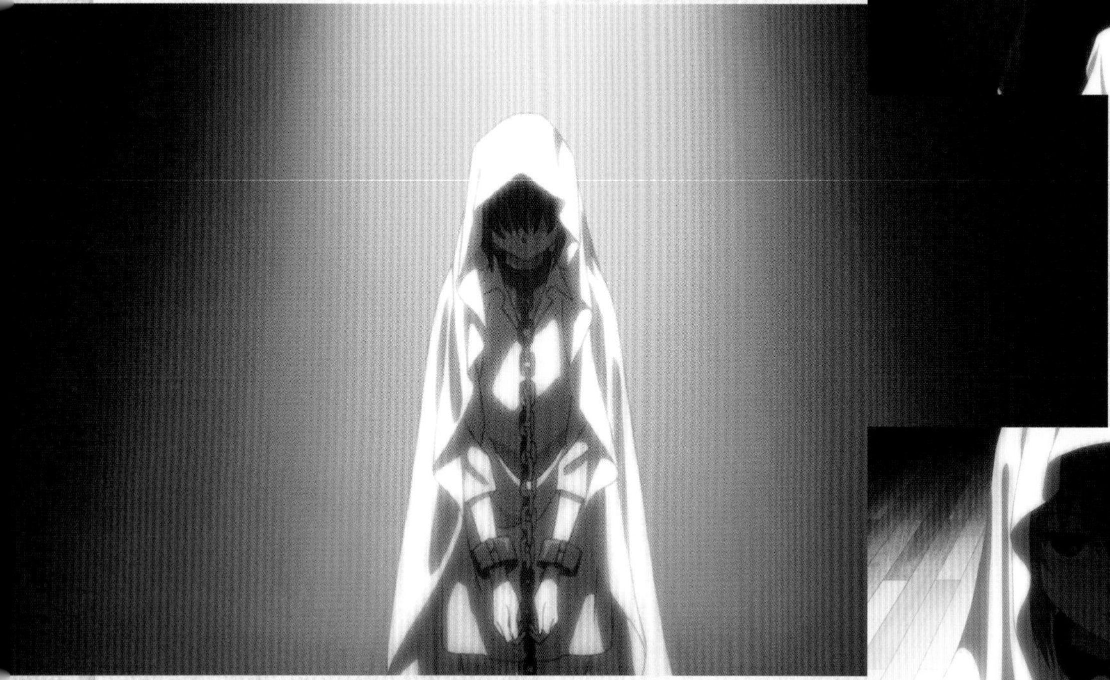

ロンドンの街の裏側で行われる闇の競売会――生きることを諦めようとしていた日本人の少女・羽鳥チセは、そこに自らを商品として出品した。そんな彼女を500万ポンドという大金で競り落としたのは、異形の魔法使いエリアス・エインズワースだった。

イングランドのはずれにあるエリアス邸に連れてこられたチセは、彼からいろいろな話を聞かされた。「魔法使い」とは妖精や精霊の力を借りて奇跡を起こす者のことであり、現在は数が少なくなっていること。自分は妖精を惹きつける「夜の愛し仔（スレイ・ベガ）」という特別な存在であること。そして、エリアスは自分を魔法の弟子にしようとしていること……。初めて知ることの連続に戸惑いつつも、チセはエリアス邸に流れる穏やかな空気に安らぎを感じるのだった。

その晩、チセのもとに風の精エアリエルが訪ねてきた。散歩に誘われた彼女は、そのままエアリエルに妖精の国へ連れていかれそうになる。

Column of Elias

チセを買ったもう一つの理由

エリアスがチセを買った目的は弟子にするためだけではない。エアリエルの誘惑から彼女を取り戻したあと、もう一つの目的を伝えた。「僕は君を僕のお嫁さんにするつもりでもあるんだ」と――。

#2 One today is worth two tomorrows.

脚本／高羽彩　コンテ／長沼範裕　演出／野亦則行　作画監督／山中正博
プロップ作画監督／井川麗奈

あんな頭で外を
うろついてたら
怪しいだろ？
魔法でちょっと　さ

「僕は君を僕のお嫁さんにするつもりでもあるんだ」――そんなエリアスの発言の真意がわからぬまま、チセの新たな生活が始まった。

エリアスに連れられてロンドンにやって来たチセは、寂れた古書店の奥にあるアンジェリカ・バーレイの工房を訪れた。アンジェリカは魔法使いの一人であり、魔力を動力にする道具や絡繰などを作る魔法機構（マギウス・クラフト）の技師。エリアスとは古くから交流があるらしい。まだ魔法の知識がないチセは、アンジェリカから魔法と魔術の違いを教わって、初めて魔法の練習をしてみることに。すると、「夜の愛し仔」が蓄える魔力の大きさが明らかに――。

その後、アンジェリカがあつらえた魔法道具をたくさん買い込んで家路についたチセとエリアス。二人が帰宅すると、家の前で村の教会の神父サイモン・カラムが待っていた。サイモンは二人に〝おつかい〟を頼みたいと言ってきて……？

Column of Chise

水晶で蘇る思い出の花畑

魔法を練習することになったチセはアンジェリカに促され、幼い頃に母と見たポピーの花畑を思い浮かべた。すると、チセが持っていた魔法練習用の水晶は瞬く間に形を変え、床一面に水晶の花畑が広がった！

#3 The balance distinguishes not between gold and lead.

脚本／高羽彩　コンテ／長沼範裕　演出／二宮壮史　作画監督／高部光章・片山貴仁

Column of Chise

菩提樹《リンデンバウム》と共に眠る旧き竜

チセに〝空〟を見せたのち、「いつか杖が必要になる……だろうから、私の…枝から…つくると良い」という言葉を遺して菩提樹の苗床となったネヴィン。その穏やかな還り方を、チセはうらやましいと思うのだった。

教会の命によりエリアスを監視する役目を担うサイモンは、三つの〝おつかい〟を持ってきた。そのうちの一つは、近頃活動が活発になっている竜(ドラゴン)の様子を見に行くこと。エリアスは嫌々ながらも依頼を引き受け、さっそくチセを連れて新婚旅行も兼ねた〝おつかい〟へと出発する。

二人が向かったのは、北極海に浮かぶ火山島・アイスランド――。今や数少なくなった竜たちが人の目を逃れながら暮らしている場所だ。竜の巣の管理者であり、エリアスの師でもある魔法使いリンデルによるやや手荒な歓迎を受けながらも、なんとか竜の国にたどりついたチセは、初めて見る光景に目を見張った。

巨大な翼で空を舞う竜や力強く駆ける竜、無邪気に遊ぶ雛たち……。そのなかに、大地に横たわる老齢の竜・ネヴィンの姿もあった。もうすぐ土に還り樹になるという彼は、チセの心と記憶に触れ、最期の力で彼女に〝空〟を見せた。

その名にある
鳥のように
君も生きるために
この空の下を飛びなさい

#4 Everything must have a beginning.

脚本／高羽彩　コンテ／なかむらたかし　演出／北井嘉樹　作画監督／西畑あゆみ、長谷川早紀

あんなに静かな声で なぜあの人はあんなことを 言ったんだろう

竜の国でネヴィンの最期を見送ったあと倒れてしまったチセは、列車の中で目を覚ました。列車の行き先は猫の集う町ウルタール。教会からの二つ目の〝おつかい〟にまつわる場所だ。

町に着いたチセたちは、猫の王・モリィからこの土地で起きている異変について話を聞いた。いわく、遠い昔、この地には猫を殺すことを楽しむ者がいたという。その惨劇を終わらせたのが最初の猫の王であり、以来、代々の猫の王たちが残った〝澱み〟を縫い留めてきたが、最近、その澱みが出てこようとしているらしい。それを浄化することが、チセたちに託された依頼だった。

エリアスが浄化の魔法を苦手としていたため、チセとエアリエルがその役目を担うことに。湖を渡り、澱みが蠢く小島へと向かうチセ。だがそのとき、彼女の前に魔術師のミハイル・レンフレッドとその弟子のアリス・スウェーンが現れた。二人はチセが澱みを浄化するのを阻もうとする。

Column of Chise

澱みの“核”に頼まれたこと

澱みを調べるさなか、アリスによって湖に落とされたチセは、水中で澱みの〝核〟になっているミナという女性の霊と出会った。彼女は澱みの正体が夫・マシューの魂だと言い、チセに「この人を 私を ころして」と囁いた。

#5 Love conquers all.

脚本／高羽彩　コンテ／なかむらたかし　演出／国崎友也　演出補佐／河井ゆう美
作画監督／長谷川早紀、井川麗奈

エリアスが
私の手を離すまでは
私はあのヒトのものです

尽きることなく魔力を生み出す「夜の愛し仔」は、やがて身体が負荷に耐えられなくなり命を落とす――。自らに課せられた過酷な宿命を知り、にわかに動揺するチセ。レンフレッドはそれを知りながらなんの処置もしないエリアスを強く批判。だが、チセはそれでも自分を家族だと言ってくれたエリアスと共にいることを選択した。

エリアスがレンフレッドたちを足止めするなか、澱みの中へ足を踏み入れたチセ。彼女はそこで遠い昔にウルタールで起きた悲劇を知る。妻のミナを愛する心をとある魔術師に利用され、無数の猫の命を使った「霊薬」を作ってしまったマシュー。その薬を飲んで命を落としたミナ。そして、マシューに殺され、呪いを抱いた猫たち……。澱みとなった彼らの魂は、永くこの地に縫い留められることになった。

ミナは、還り方を忘れてしまった自分たちを消してほしいとチセに頼み込む。しかし、彼女たちを哀れんだチセは別の方法を思いつく。

Column of Chise

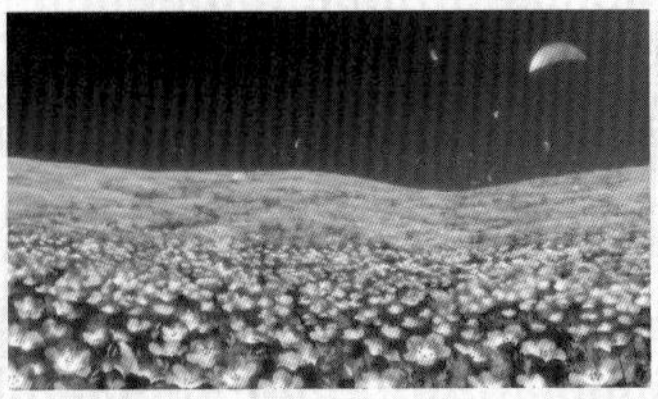

魂を安らぎへと導く風と花

ミナたちを浄化するためにチセが思いついたのは、エアリエルの風に彼女たちの魂を運んでもらうという方法だった。ネモフィラの花畑で再会したミナとマシューの魂は、舞い散る花と共に逝くべきところへ還っていった。

#6 The Faerie Queene.

脚本／高羽彩　コンテ／長沼範裕　演出／鈴木拓磨　作画監督／湯本佳典、西畑あゆみ

　ミナたちの魂は花と共に空へ昇り、澱みを回収できなかったレンフレッドとアリスも撤収。ウルタールでの〝おつかい〟は無事に完了した。魔法使いとしての初仕事を終えたチセは、エリアスになぜ自分を買ったのかと問いかける。すると彼は、人間について知るために、チセは条件がよかっただけだと説明。だが、そう言いながらも、エリアスの中には少しずつ変化が生まれ始めていた──。

　その後、エリアス邸へと戻った二人。ウルタールでの一件で膨大な魔力を失ったチセは、力を回復するために二週間も眠り続けていた。エリアスが森の中で彼女を看病していると、そこに妖精女王（ゲアラハ）・ティターニアと妖精王（グリーアン）・オベロンが現れた。彼らはエリアスの妻であるチセのことを見にきたのだという。オベロンが魔力を注ぎ込むと、チセは眠りから覚醒。ティターニアとオベロンは、チセとエリアスに温かな眼差しを送り、その場を後にするのだった。

Column of Elias

内臓を伝う未知の感覚

オベロンに子どもの予定を聞かれて頬を赤らめたチセ。その表情を見たエリアスは、内臓がぎゅっとするような感覚に襲われる。人間の感情に共感できないと言っていた彼だが、確実に何かが芽生えつつあるようだ。

#7 Talk of the devil, and he is sure to appear.

脚本／高羽彩　コンテ／佐野隆史　演出／河原龍太　作画監督／横田匡史、高部光章

だってお前が人間に
執着するわけないもの
そうでしょ？　裂き喰らう城《ピルムムリアリス》

エリアスから本格的に魔法を教わり始めたチセ。時には失敗しながらも、周りにあふれるさまざまなモノとの関わり方を一歩ずつ学んでいく。

そんななか、チセたちは教会から依頼されていた最後の〝おつかい〟へ行くことに。今回の仕事内容は、近くの教会の墓地に居ついた黒妖犬（ブラック・ドッグ）の検分だ。現場に到着したチセは、エリアスの傍を離れた隙に怪異に襲われてしまった。その窮地を救ったのは陰りを帯びた謎の青年――なんと彼こそが件の黒妖犬だった。どうやら彼は自分が妖精であることに気づいておらず、人間だと思い込んでいるらしい……。

するとそこにレンフレッドの弟子アリスが現れる。彼女は黒妖犬を渡すようにチセに迫るが、その理由を聞かれると事情を語り始めた。謎の魔術師に脅されてキメラの素材集めをさせられている、と。アリスはエリアスに助けを求めるが、そのとき、彼女たちのもとにその魔術師が現れて……？

Column of Elias

変貌する茨の魔法使い

レンフレッドとアリスを脅していた魔術師・カルタフィルスは、キメラを使ってチセの身体を傷つけた。その光景を目の当たりにしたエリアスの身体は、アリスも恐怖を感じるほどの異様な姿に変化するのだった……。

#8 Let sleeping dogs lie.

脚本／高羽彩　コンテ／佐野隆史　演出／河井ゆう美
作画監督／手塚響平、湯本佳典、田中耕平、井川麗奈　作画監督補／長谷川ひとみ

大丈夫　もう独りになりたくないのは‥私も同じだから

一見子どものような姿をした魔術師・カルタフィルスは、かつてウルタールでマシューたちを悲劇に導いた存在だった。彼にチセを傷つけられたエリアスは異様な姿へと変貌し、暴走。カルタフィルスと彼の「作品」であるキメラに襲い掛かった。

一方、倒れたチセは、黒妖犬の記憶に触れていた。イザベルという少女から「ユリシィ」と呼ばれ、兄妹のように幸せに暮らしていたこと。だが、彼女を事故で失ってしまったこと。以来、墓の前でずっと彼女を待ち続けていたこと……。目を覚ましたチセは、ユリシィに優しく微笑みかけると、エリアスの暴走を収めるのだった。

駆け付けたレンフレッドと青い鬼火の妖精ウィル・オー・ウィスプの力を借りてカルタフィルスの前から一時避難したチセたち。そのさなかで自分が妖精だと知ったユリシィは、チセの使い魔になると申し出た。追い付いたカルタフィルスの前で、チセとユリシィは契約を交わす――。

Column of Ruth

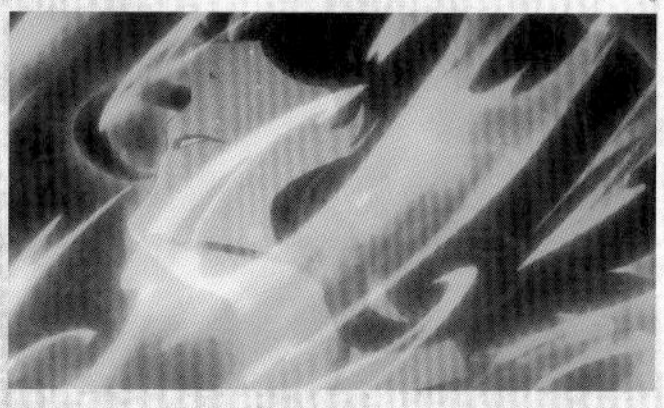

人の夢から覚め、使い魔に

ウィル・オー・ウィスプの言葉で自分が墓守犬（チャーチ・グリム）であると自覚したユリシィは、チセに感覚や時間をも共有する〝結び〟を求めた。それを受け入れたチセは、彼に「ルツ」という新しい名前を与えた。

#9 None so deaf as those who will not hear.

脚本／高羽彩　コンテ／長沼範裕　演出／金森陽子　作画監督／横田匡史、西畑あゆみ、佐藤誠之

いくら私が自分勝手でも…何も知らずにいられるほど私は貴方に興味ないわけじゃない…

エリアス邸での生活に新たな家族ルツが加わった。教会の〝おつかい〟もすべて片付き、穏やかな日常が戻る……かと思われたが、墓地での一件以来、なぜかエリアスは自室に閉じ籠ってしまっていた。体調を尋ねてもはぐらかすような答えが返ってくるばかりで、チセは不安を募らせる。家事妖精の銀の君（シルキー）に小遣いをもらい、アンジェリカと気晴らしに出かけるが、そのときに言われた鋭い助言にチセの心はざわめくのだった。

帰宅後、彼女がエリアスの部屋の扉を開けてみると、彼は墓地で暴走したときの姿になっていた。人間ではないその身体に抱かれながら、チセは静かに眠りについた……。

そして翌朝、彼女が目を覚ますと、エリアスの姿がなくなっていた。驚いたチセはルツと共に探しに行くことに。途中、ジョエル・ガーランドという老人と吸血鬼のリャナン・シーに出会ったりもしながら、夕暮れ時、ついに森の奥の湖でエリアスを発見する。

Column of Chise

初めてぶつけたチセの思い

森の奥の湖でエリアスを見つけたチセは、彼のことをもっと知りたいと思っている気持ちを伝える。それに対して「ちょっとだけ整理する時間が欲しい」と返すエリアス。チセは口をとがらせつつもそれを受け入れた。

#10 We live and learn.

脚本／高羽彩　コンテ／なかむらたかし　演出／北井嘉樹　作画監督／長谷川早紀、髙部光章
作画監督補／西畑あゆみ

チセたちのもとに、リンデルの使い魔の海豹人（セルキー）・メリトゥーリがやってきた。いわく、チセは魔法を使うのが不得手だと知ったリンデルが、杖を作るために彼女を竜の国へ招いているのだという。チセはエリアスのもとを離れ、竜の国へ行くことに。

到着後、チセはさっそく杖の材料採取に着手。その晩、彼女とリンデルは焚火を囲みながら言葉を交わした。チセの魔法の知識がまだ乏しいことを知ったリンデルは、エリアスが彼女を飼い慣らそうとしていると指摘。さらに、それをよしとしているチセにも苦言を呈する。

するとチセは、自分の過去について話し始めた。「産まなきゃよかった」という言葉を遺して命を絶った母、自分を置いていなくなった父と弟――孤独を味わい続けてきた彼女は、自分を手元に置いてくれたエリアスにとっては都合のいい人間でいたいのだと言う。それを聞いたリンデルは、エリアスの過去を語り始める……。

Column of Elias

魔術師たちからの誘い

同じ頃、エリアスのもとには学院（カレッジ）からの便りが届いていた。内容はチセの将来について。レンフレッドに「このままお前と暮らすだけにさせていたら彼女はだめになるぞ」と言われたエリアスは……？

…寝物語にひとつ
面白い話をしてやろう

#11 Lovers ever run before the clock.

脚本／高羽彩　コンテ／なかむらたかし　演出／二宮壮史　作画監督／髙部光章、井川麗奈

リンデルとエリアスの出会いは、ある冬の夜のことだった――遊牧の旅をしていたリンデルの前に、謎の「影」が現れた。その「影」はリンデルの師である魔法使い・ラハブから「エリアス」という名をもらい、以降数年、リンデルと共に行動することになる。

エリアスはリンデルに会う以前のことを何も覚えていなかった。だが、彼を恐れた村人に追い立てられたとき、彼は自分が人間を食べたことがあると思い出す。その記憶についてリンデルから口止めをされたエリアスは、その後、自分のことを人に漏らさなくなった――そんな昔話を聞いたチセは、エリアスに思いを馳せるのだった。

翌日、チセは一日杖づくりに没頭し、気づくと日が沈んでいた。その晩は月が明るく、リンデルは興が乗って「百花の歌（エコーズ）」の名の由来である〝歌〟を披露することに。エルフが集まり、苔が花開く幻想的な光景のなか、チセがふと湖を覗くと、そこにはエリアスの姿があった。

Column of Elias

300年続く師弟の関係

人間を食べたことがあるとエリアスに告白され、一瞬恐怖を感じたリンデル。だが、数年を共に過ごした時間とエリアスが作ったスープの味が、その恐怖を忘れさせた。以来、進む道が別れても二人の交流は続いている。

#12 Better to ask the way than go astray.

脚本／高羽彩　コンテ・演出／長沼範裕　演出助手／河井ゆう美
作画監督／井川麗奈、髙部光章、手塚響平

——おかえり チセ

…ただいま帰りました エリアス

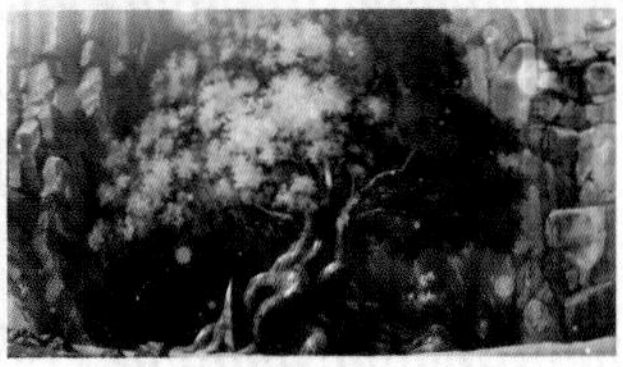

リンデルに仕上げをしてもらい、チセの杖は完成した。自分の髪と同じ夕日の色をしたその杖に手を触れた瞬間、チセは霧に包まれた巨木の群れを幻視する。そこには、菩提樹と共に眠るはずの古竜・ネヴィンの姿があった。

ネヴィンに促され、胸の突っかかりを吐き出してみることにしたチセ。エリアスに捨てられることを恐れる一方で、彼のことを知りたいという気持ちが芽生えてしまっているのだ、と。するとネヴィンは、その思いに寄り添いながらそっと彼女の背中を押す。自分の価値を信じ、自らのしたいことに向かって飛んでほしい、と。そして、言いたいことや聞きたいことはすぐに言葉にしたほうがいい、と——。

幻視から覚めたチセの胸の内には、エリアスに伝えたい言葉があふれていた。その心に従い、できたばかりの杖を振るうチセ。火の精たちの力を借り、炎を纏った鳥の姿になった彼女は、力強く大空を羽ばたいていくのだった。エリアスのいるかの地を目指して。

Column of Chise

夕日の色をしたチセの杖

魔法使いの杖は本人が削り、年長者が仕上げをするのが慣わし。チセの杖にはネヴィンの菩提樹の枝と彼女の髪の毛、そして湖の底で千年、月と日の光を浴びたと伝わる石が使われており、リンデルが歌で仕上げを施した。

#13 East, west, home's best.

脚本／高羽彩　コンテ／遠藤広隆　演出／板庇迪、西島圭祐　演出補佐／河井ゆう美、金森陽子
作画監督／湯本佳典、西畑あゆみ、長谷川早紀

私が怖いのはエリアスじゃなくて あなたから手を離されること なんですよ

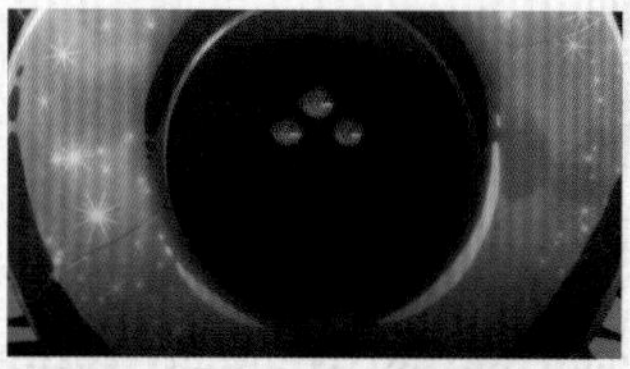

エリアスに伝えたい言葉がたくさんあったはずなのに、なかなかそれを伝えられないチセ。モヤモヤとした気持ちのまま綿蟲の毛刈りを手伝っていると、それとよく似た雪蟲に襲われ、体温を奪われてしまった……。

エリアスの腕の中で介抱されながら、チセは、リンデルから彼の過去を聞いたと切りだしてみることに。すると、エリアスはその記憶を消してしまおうと杖を取りだす。だが、彼女はそれを拒否。その勢いで、大事なヒトのことだから消してほしくないと思いを伝えた。一方エリアスは、チセに教えてもらって、彼女がいない間に感じた寒さが〝さみしい〟という感情だったことを理解。二人は、チセが人間の先生、エリアスが魔法の先生となって、互いにわからないことを教え合おうという約束を交わすのだった。

それからしばらく穏やかな日々を過ごしていたチセ。だがある夜、彼女のもとに来訪者が現れた。それは灰ノ目という、何千年も生きる存在だった。

Column of Chise

ニワトコの花のシロップ

咳をしていたサイモンのために、喉にいいシロップを作ってあげたチセ。すると彼は、過去にエリアスも同じものを作ってくれたのだと教えてくれた。エリアスが作ったものと同じ味だと聞き、チセは柔らかな笑みを浮かべた。

#14 Looks breed love.

脚本／高羽彩　コンテ・演出／金森陽子　作画監督／西畑あゆみ、佐藤誠之、井川麗奈、長谷川早紀、湯本佳典、髙部光章、南東寿幸、田中耕平

私は私に笑ってくれた
人たちには
私のために笑ったままで
いてほしいだけなんだよ

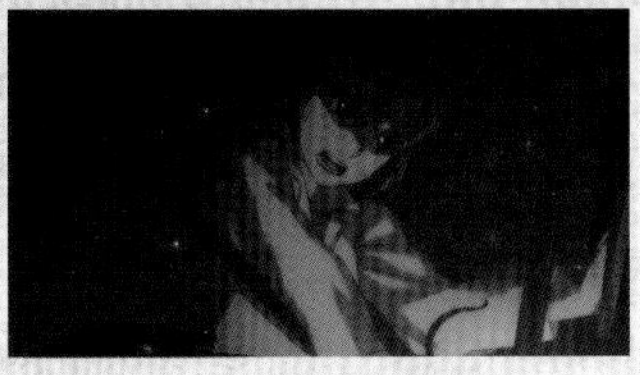

灰ノ目に毛皮を被せられたチセは狐に変身し、呼ばれるまま夜の森へと駆けだした。だが、エリアスに呼び止められ、再び人の姿へ。二人は一緒に帰るべき家へ帰るのだった。

その晩、チセのもとにもう一人来訪者が。それは以前知り合った、人間の老人・ジョエルに切ない思いを抱く吸血鬼のリャナン・シー。ジョエルの様子がおかしいと聞き、チセが彼の家を訪ねると、確かにかなり衰弱した様子だ。ジョエル自身も自分に残された時間の短さを察し、かつて一度だけバラの庭で出会った女性＝リャナン・シーとの再会を願っていた。その思いを知ったチセは、彼が生きている間に二人を会わせたいと考え、人間が妖精を視えるようにする「妖精の塗り薬」を作ることに。そして数日がかりで見事にその薬を完成させた。

薬のおかげで再会し、互いに伝えたかった言葉を交わしたジョエルとリャナン・シー。ジョエルは彼女に命を捧げ、消えていくのだった……。

Column of Chise

灰ノ目からの贈り物

チセを狐に変えた毛皮は、望みに応じた動物に変身することができる代物だった。使い方によっては便利そうなものではあるが、いったいなぜ灰ノ目が彼女にそれを贈ったのか……その本心はわからない。

#15 There is no place like home.

脚本／高羽彩　コンテ／なかむらたかし　演出／河原龍太
作画監督／横田匡史、手塚響平、阿比留隆彦　作画監督補／田中耕平

Column of Silky

小さきものを守る防人

泣き女としての居場所を失い彷徨っていたシルキーに家事妖精としての道を示したのは、丘の防人（スプリガン）だった。エリアスを忌み嫌い、何かと厳しく当たる彼だが、シルキーにとっては恩人のような存在だ。

突然血を吐き、倒れてしまったチセ。魔力を使いすぎ、身体がその負担に耐えきれなくなっていたのだ。居合わせたオベロンに勧められ、エリアスは彼女を妖精の国へ連れて行くことに。

そこでチセが出会ったのは、シャノンという医者だった。彼女は人間に育てられた妖精、いわゆる「妖精の取替え子(チェンジリング)」だという。シャノンはチセを傷によく効く池へ連れていくが、チセの身体は回復する気配がない。その様子を見たシャノンは〝荒療治〟に取り掛かる。

一方その頃、ティターニアと対面するエリアスは、チセと共に妖精の国で暮らすよう誘われていた。妖精に近しい存在である「夜の愛し仔」は人間を捨てたほうが幸せではないか、と。だが、チセに人間のまま生きてほしいと願うエリアスは、その誘いを断った。

同じ頃、家で二人の帰りを待つシルキーはある夢を見ていた。元々は泣き女（バンシー）だった彼女が主を失い、彷徨っていたときの夢を──。

銀の花のような姿だ
泡のように消えるよりも
ずっといい

#16 God's mill grinds slow but sure.

脚本／高羽彩　コンテ／出合小都美　演出／秋山宏　作画監督／湯本佳典、長谷川早紀、高部光章、立川聖治、南東寿幸、横田匡史、佐藤誠之

……じゃあさ　あたしと
チセは仲間だな
魔法か魔術か違いは
あるけどさ

チセたちが妖精の国で過ごす間に、季節は冬になっていた。一年のサイクルの始まりでもある特別な日・冬至の夜が間近に迫り、チセはエリアスにいろいろなことを教わりながらユールの支度を行った。

そしてその翌朝、チセはエリアスに黙って、一人ロンドンへ。目的は、レンフレッドへのクリスマスプレゼントに悩んだアリスの相談に乗ることだったが、チセも彼女と一緒にエリアスへのプレゼントを探すことにした。

二人でさまざまな店を巡り、チセに心を開いたアリスは自身の生い立ちを語り聞かせた。親に薬を仕込まれ、売人をやるしか生きる道がなかった幼少期、レンフレッドに拾われたこと。魔物に襲われたときに彼がかばってくれたこと。だからこそアリスは、次こそは自分が彼を護り手として護るのだと強く心に誓っていた。

チセとアリスはその後プレゼントを選び終え、駅で解散。チセはエリアスが待つ家へ帰るのだった。

Column of Chise

一日早いプレゼント交換

エリアスから外出の理由を問われたチセは、買ったばかりのプレゼントを彼に渡した。箱の中身はループタイだ。エリアスもチセにクマのぬいぐるみを贈り、クリスマス当日には一日早いプレゼント交換になった。

#17 Look before you leap.

脚本／高羽彩　コンテ／佐野隆史　演出／谷澤篤金　作画監督／井川麗奈、伊藤香奈、西畑あゆみ、田中耕平、南東寿幸

こわいわよ！
——けど弟が戻ってこない
ことよりこわくないわ

クリスマス当日、チセのもとにはたくさんの人からプレゼントが届いていた。アンジェリカからの贈り物は、魔力を作ったり吸収したりできなくするためのブレスレット。チセはさっそくそれをエリアスに着けてもらった。

その後、サイモンの教会へ向かおうとしたチセは、血相を変えて弟を探す少女ステラ・バークレムと出会った。話を聞くと、弟・イーサンが突然いなくなり、両親も彼の存在を忘れてしまったという。チセとエリアスはお菓子を〝対価〟に、彼女に力を貸すことに。

手がかりを追ったチセたちは、やがてイーサンを攫った犯人が灰ノ目であることを突きとめた。すると灰ノ目は、チセたちも巻き込んだ、ある〝遊び〟を提案。チセとステラに、日没までにエリアスとイーサンを見つけ出すよう伝えると、灰ノ目はエリアスたちを連れて姿を消してしまった。

理不尽なルールに途方に暮れるチセ。だが、以前灰ノ目からもらった毛皮を使うことを閃いて……？

Column of Chise

チセの魔力が結晶化した花

エリアスがくれたクマのぬいぐるみには、寝ている間にチセの余計な魔力を吸い上げ、結晶の花を咲かせる仕掛けが施されていた。その結晶は、イーサンを探して妖精と交渉するとき、さっそく大いに役立ってくれた。

#18 Forgive and forget.

脚本／高羽彩　コンテ／佐野隆史　演出／荒井省吾　作画監督／立川聖治、横田匡史、手塚響平、南東寿幸、西畑あゆみ、井川麗奈、伊藤香奈

灰ノ目との〝遊び〟に勝ち、無事に両親のもとへ戻ったステラとイーサン。その後、ステラは約束通り〝対価〟のお菓子を持ってエリアス邸にやってきた。チセは久々にできた友達と楽しく談笑するが、エリアスはなんだか様子がおかしく、しまいにはチセに黙って家を飛び出していった。それに気づいたチセは彼を追いかけることに。

するとエリアスは、追い付いた彼女を自分の内に閉じ込めてしまった。どうやら彼はステラがチセと仲よくしていることに嫉妬し、癇癪を起こしていたようだ。チセは、それが自分にも身に覚えのある気持ちだと感じつつ、同時に、彼がそれほど自分を思ってくれていたことに気づくのだった。

チセの説得でなんとか気持ちを落ち着けたエリアス。だが、その晩、チセが子守歌を歌ったら今度は眠りから覚めなくなってしまった。アンジェリカに助けを求めにいったチセは、そこで彼女の夫・デイビッドからある助言をもらう――。

Column of Chise

デイビッドからのアドバイス

魔法使いの妻を持つデイビッドだが、彼自身は普通の人間。チセも自分と同じく、大切な人より早くこの世を去る運命にあると知る彼は、チセに、なるべく無理をせず長生きしようと伝える。チセはそれを心に刻み込んだ。

#19 Any port in a storm.

脚本／高羽彩　コンテ／なかむらたかし　演出／左藤洋二、平向智子　演出補佐／金森陽子　作画監督／西畑あゆみ、高部光章、長谷川早紀、立川聖治、横田匡史、手塚響平、南東寿幸、湯本佳典、伊藤香奈、井川麗奈

どうしたら僕たちは救われるの

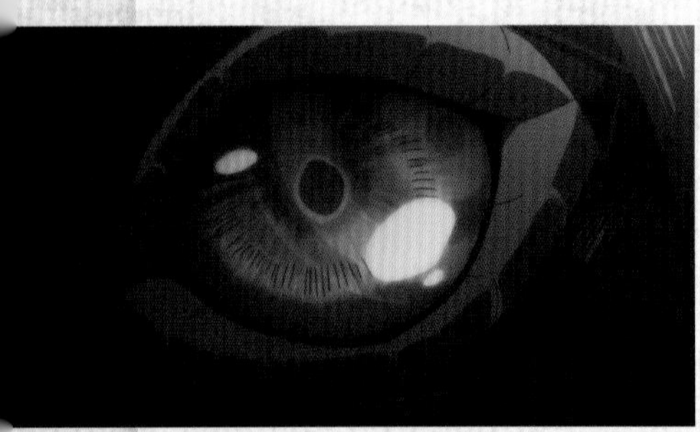

エリアスが眠りから覚めたあと、入れ替わるように眠ってしまったチセ。彼女は夢の中で、カルタフィルスと邂逅した。まるで複数の人格が入り乱れるように、支離滅裂なことを口にするカルタフィルス。その中には、助けを求める声もあった。

チセがその夢から目覚めると、メリトゥーリや学院（カレッジ）の魔術師たちがエリアス邸を訪れていた。なんと竜の雛が二頭密猟されてしまったらしい。どうやら犯人はカルタフィルスのようだ。レンフレッドたちに協力を求められたエリアスは当初断わろうとしていたが、チセに説得され、引き受けることにした。

竜の雛やカルタフィルスの居場所について考えるなか、チセは雛たちが競売にかけられる可能性に思い至った。かつて世話になった競売人セス・ノエルに連絡すると、案の定、一頭が出品されているようだ。チセたちはさっそく競売会に参加し、雛を競り落とそうと試みる。

Column of Elias

女性の姿になった茨の魔法使い

魔法使いや魔術師の間で姿を知られているエリアスは、魔法や魔術は使用できない競売場で、チセでもサイモンでもない女性の姿に自身の身体を〝丸ごと組み替え〟ていた。はたしてそれは誰の顔なのだろうか……？

#20 You can't make an omelet without breaking a few eggs.

脚本／高羽彩　コンテ／なかむらたかし　演出／板庇迪　作画監督／湯本佳典、井川麗奈、佐藤誠之、伊藤香奈、横田匡史、高部光章、長谷川早紀、南東寿幸　作画監督補／田中耕平、西畑あゆみ、手塚響平

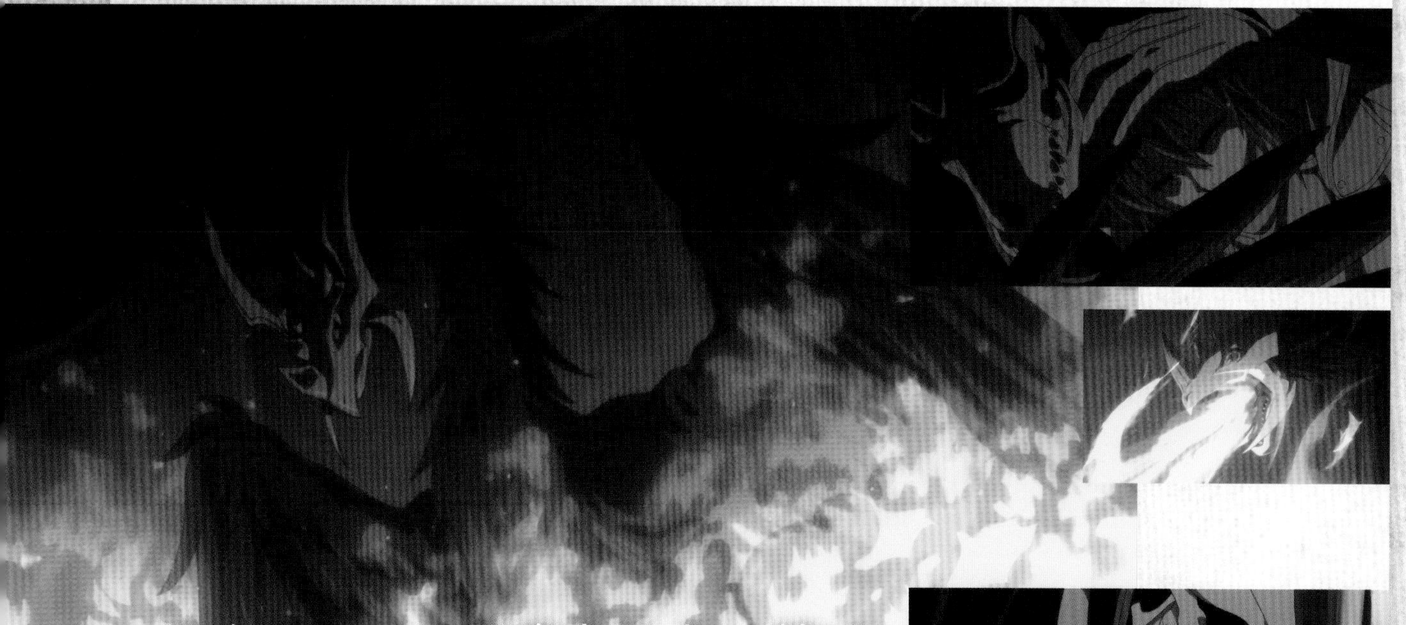

エリアス――馬鹿な私と一緒に
考えてくれますか
……私とエリアスが
隣にいられるやり方を

競売中に暴走してしまった竜の雛。強靭な翼と鋭い鱗を持った巨大な体へと変貌し、おとぎ話のドラゴンのように炎を吐いて辺りを燃やし尽くしていく。チセの心には竜の感情が流れ込んできた。その悲痛な叫びを聞いた彼女は、エリアスに協力を仰ぎ、暴走を鎮めようとした。だが、競売場から飛び出した竜は激しく暴れ、エリアスを振り落としてしまった。一人その背に残ったチセは、身の危険も顧みず、竜の魔力を吸い取ることを選び――。

目を覚ましたチセは自宅のベッドの中にいた。左腕に〝竜の呪い〟を宿した状態で。無茶の代償として受けたその呪いは、チセを蝕み、やがてその身体を破壊するという。

翌日、牧草地帯を眺めながら、エリアスと言葉を交わしたチセ。死を目の前に突き付けられた彼女は、この先も彼と共にいられる方法を探そうと決意するのだった。

その後二人が家に戻ると、マリエルという女性が尋ねてきた。

Column of Chise

愛のこもったビンタ

魔力を使わないようにという忠告を破り、一人で竜を救うことを選んだチセは、アンジェリカに頬を打たれる。それは、彼女がチセを娘のように大切に思うがゆえの一発だった。チセは叩かれた頬に触れ、うなずいた。

#21 Necessity has no law.

脚本／高羽彩　コンテ／出合小都美　演出／河原龍太　作画監督／手塚響平、立川聖治、長谷川早紀、湯本佳典、井川麗奈、髙部光章、南東寿幸、伊藤香奈

マリエルは競売場でチセに接触した人物だった。「魔女」であるという彼女は竜の呪いを受けた左腕を見ると、チセを自分たちの集会（カヴン）に招待した。魔女の口伝ならば呪いを解く方法がわかるかもしれない。そんな一縷の望みにかけ、チセとエリアスは集会に参加してみることに。

だが、結果は空振り。竜を生かしたまま呪いを解く方法を知る者はおらず、チセは収穫なくカヴンを後にした。しかし、エリアスだけはマリエルからある秘密の助言を受け取っていた……。その後、チセの目を盗んで学院の魔術師トーリー・イニスのもとを訪れたエリアスは、彼の助けを借りてある魔術書を盗み読み、そして自身の目的のためにステラに手を伸ばすのだった……。

一方チセは、エリアスが何かを企んでいると勘づいていた。エリアスに眠りの魔法をかけられるが、それを破って彼の部屋の扉を開けると、そこにはステラの姿が。エリアスは、彼女をチセの身代わりにしようとしていたのだ。

Column of Chise

チセに力を貸してくれる存在

エリアスが何かを一人でしようとしている。そして、ルツも頼ることができない——。そう考えたチセが協力を求めた相手はエアリエルだった。「夜の愛し仔」としてだけでなく、チセ自身を好いている彼女はそれを快諾した。

#22 As you sow, so shall you reap.

脚本／高羽彩　コンテ／篠原俊哉　演出／金森陽子　作画監督／西畑あゆみ、横田匡史、佐藤誠之、湯本佳典、井川麗奈、南東寿幸、立川聖治、伊藤香奈

二人で共に生きる方法を一緒に考えようと話していた矢先に、一人ですべてを決め、行動を起こしていたエリアス。チセはそれを許すことができず、彼のもとを離れ、ステラの中に隠れていたカルタフィルスと共に行くことを選んだ。

カルタフィルスの研究室に連れてこられたチセは、彼に取引を持ち掛けられた。生き続ける呪いを宿すカルタフィルスと、死に向かう呪いを宿したチセ。カルタフィルスは不死の呪いと竜の雛、そしてステラの命を差し出し、代わりにチセの左腕を求めた。

取引の前段階として、瞳を交換した二人。呪いがなじむまでの間、カルタフィルスは嫌がらせとして、チセに夢を見せた。彼女が幼い頃、母と過ごした日々の記憶を——。

〝呪い〟となって離れなかった母の言葉と死の光景を、再び突き付けられたチセ。だが今の彼女は、その呪いが自分自身で生み出したものだったと気づけた。記憶の中の母に別れを告げ、チセは前に進むことを決めた。

Column of Chise

チセを生かした数々の出会い

母の幻影と対峙したチセは、さまざまなひととの出会いを思い返した。ネヴィンやアンジェリカ、ルツ、シルキー、そしてエリアス……。彼らと出会えたからこそ、チセは生きて〝呪い〟と向き合うことができたのだ。

許さないけど
私はまだ…貴女を忘れないけど
——貴女を置いて前に進むよ

#23 Nothing seek, nothing find.

脚本／高羽彩　コンテ／牧原亮太郎　演出／左藤洋二、平向智子　演出協力／小林敦、須之内佑典　作画監督／手塚響平、高部光章、西畑あゆみ、横田匡史、長谷川早紀、湯本佳典、南東寿幸、立川聖治、阿比留隆彦

チセに拒絶されたエリアスは、暴走状態で彷徨い続けていた。彼を哀れみ〝枝〟を伸ばしたティターニアは、チセを探すための協力を申し出、共に妖精の国で暮らそうと誘惑する……。だがエリアスは、それではチセの考えとは違うと拒否。悩みながらも人間に歩み寄ろうとする彼をなおも哀れんだティターニアは、その〝枝〟でチセを探してくれるのだった。

一方、自分の夢から覚めたチセは、今度はカルタフィルスの夢を覗き見ていた。墓守の少年・ヨセフが助けを求める声に誘われてカルタフィルスと出会い、救いを求めて彼と一つになった記憶を。そして、以来永い間、彷徨い続けることになった記憶を——。

自身でも忘れていた過去を掘り起こされ、激昂するヨセフ。だがそのとき、ティターニアに導かれたエリアスやアリスたちがチセのもとに駆け付けた。ヨセフはキメラや死霊を放って、その場から逃走。チセも彼を追いかけていくことに……。

Column of Chise

〝かけら〟に託された望み

カルタフィルスと瞳を交換し、不死の呪いをもらったチセ。夢の中でカルタフィルスの〝かけら〟＝不死の呪いと出会ったチセは、「助けて」という望みを託された。それは彼の中でずっと聞こえ続けたものだという……。

Secret Story　漫画を描いているときはあまりキャラクターの声をイメージしていなかったのですが、キャストの皆さんがそれぞれのキャラクターを生き生きと演じてくださってうれしかったです。チセ役の種﨑敦美さんはもちろん、カルタフィルス／ヨセフ役の村瀬歩さんのお芝居もまた違うベクトルでいい味を出していて。SEASON1 第 23 話では「ヨセフだ……！」と感動しました。（ヤマザキコレ）

#24 Live and let live.

脚本／高羽彩　コンテ・演出／長沼範裕　演出協力／金森陽子、小林敦、北井嘉樹、板庇迪　作画監督／井川麗奈、伊藤香奈、長谷川早紀、西畑あゆみ、横田匡史、高部光章、湯本佳典、加藤寛崇

エリアス、これからは あなたの隣で 一緒に歩いてもいいですか？

世界を恨み、羨ましがって生きるなかで、自分を犠牲にしようとしたチセと、他者を傷つけ続けたヨセフ。似た者同士の二人は、激しく衝突した。チセの言葉に反発するヨセフは彼女の身体を貫くが、チセはそんな彼を抱擁。彼の痛みに寄り添い、子守唄を歌い聞かせた。やがてヨセフは眠りの中へ……。戦いを終わらせ、チセもまたエリアスの腕の中で瞼を閉じた。

その後、己の身に宿す呪いに助けられ、チセの身体は無事に回復。エリアスに送り出されロンドンへ向かった彼女は、アンジェリカやステラに会い、穏やかな時間を過ごした。

そして、帰宅後――。かつてエリアスにプロポーズめいた言葉を聞かされた思い出の場所で、彼と向き合ったチセ。彼女はエリアスの左手の薬指に指輪をはめると、自身の思いを伝える。これからも隣で一緒に歩いていきたい、と。その言葉を聞いたエリアスは、「もちろん 君は僕のお嫁さんなんだから」と応えるのだった。

Column of Chise

体内で共存する二つの〝呪い〟

ヨセフとの激闘ののち、再びチセの夢の中に現れた〝かけら〟は、彼女の中の竜と折り合いをつけたと説明。不死の呪いと竜の呪いは互いに拮抗し合い、チセの身体は差し迫った死から逃れることができたのだった。

Secret Story　SEASON1 では、チセたちの周りを固めるキャストの皆さんは演技の面でも卓越した方々で、初主演である種﨑敦美さんと竹内良太さんをバックアップする形で配置されている印象でした。一方で、SEASON2 は若いキャストの方が増え、主役二人がそれを支える形に変化したように見受けられて。その違いが、作品のイメージの変化にも繋がったのではないかと思います。（新福恭平）

SEASON1 MUSIC COLLECTION

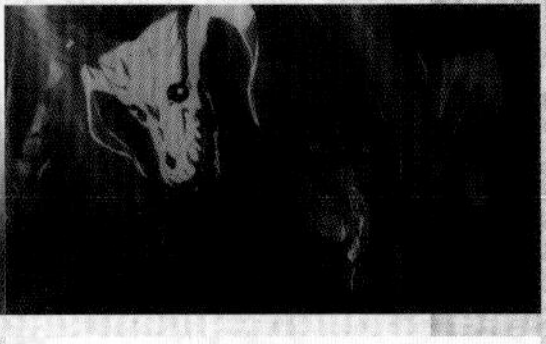

SEASON1 第1クールOP

「Here」

歌：JUNNA　作詞：岩里祐穂　作曲・編曲：白戸佑輔

長沼範裕監督がコンテ・演出を担当したOP映像は、暗闇の中をもがくチセがエリアスの〝嫁〟になるという本作の物語をダイジェストで描いたもの。力強く圧倒的な歌唱と、随所に変拍子が盛り込まれた独創的な曲調で作品の世界観を表現した「Here」は、第12話で挿入歌としても使用されている。

SEASON1 第1クールED

「環 -cycle-」

歌：糸奇はな　作詩：小峰公子　作曲：吉良知彦　編曲：上野洋子・吉良知彦

第1クールのED曲は、壮大で美しい歌詞と糸奇はなの柔らかな歌声で紡がれる「環 -cycle-」。こちらも長沼監督がコンテ・演出を担当。シルキーと洗濯物を干す様子やエリアスと並んで歩く後ろ姿など、チセの日常のひとコマを切り取った穏やかなED映像になっている。

MEMORIAL INSERT SONGS

第8話挿入歌

「アンノドミニ」

歌：北條響　作詞：岩里祐穂
作曲・編曲：南田健吾

チセとルツが〝結び〟を交わすシーンで流れた一曲。力強く、一方でどこか切なさも感じさせるような歌声と歌詞は、どちらも悲しみと孤独を抱えてきたチセとルツの心が一つに重なり、共に一歩を踏み出していく様子ともリンクしている。

第6話挿入歌

「精霊の舞 ～ Dance of the Spirit」

歌・作詞・作曲：KOKIA　編曲：江口貴勅

魔力を回復するために森で眠るチセのもとに現れたティターニア。彼女の渡りを彩った挿入歌がこの「精霊の舞 ～ Dance of the Spirit」だ。笛や弦楽器の音色が印象的なケルト調のメロディで、妖精女王の威厳と人智を越える神秘性を感じさせる。

第5話挿入歌

「君の行方」

歌：KOCHO
作詞・作曲・編曲：新田目翔

ウルタールで〝澱み〟となり長く苦しみ続けてきたミナとマシューが再会するシーンで流れた挿入歌。伸びやかで透き通るような歌声で、ネモフィラの花びらと共に風に乗って空へと昇っていく二人を、温かく、そして優しく送り出している。

第3話挿入歌

「リベロアーラ」

歌・作詞・作曲：坂本美雨
編曲：haruka nakamura

チセがネヴィンと共に空を飛ぶ夢を見るシーンで用いられた。ピアノやヴァイオリンの美しい音色に透明感のある歌声が重なっており、ネヴィンが見せた空の広さとそのきらめきにチセの心が動かされる様を感じられる、心洗われるような一曲だ。

SEASON1 第2クールOP

「You」

歌：May'n　作詞：岩里祐穂　作曲：中野領太　編曲：NAOKI-T

疾走感にあふれ、力強さを感じさせる第2クールOP。第13話～第23話は梅脇かおりと佐藤敦紀（共にTMA1）がディレクションを、第24話は黄瀬和哉がコンテ・演出・原画を担当。ここでは第24話の場面写真を掲載。第2クールの物語をプレイバックするような内容だ。

SEASON1 第2クールED

「月のもう半分」

歌：AIKI & AKINO from bless4
作詞：岩里祐穂　作曲・編曲：白戸佑輔

AIKIの甘く幻想的な歌声とAKINOのハイトーンボイスが美しく絡み合う「月のもう半分」。ロンドン・ピカデリー・サーカス広場からスタートし、ゆっくりと視点が空へと移り変わっていくED映像は、長沼監督がコンテ・演出を担当。第24話のEDにはJessicaが歌う「The Legend of "The Ancient Magus Bride"」（作詞：Jessica 作曲・編曲：松本淳一）が使用された。

第22話挿入歌

「Story」

歌・作詞・作曲・編曲：コトリンゴ

カルタフィルスが見せた幻の中で、チセが母の〝呪い〟と決別するシーンで用いられた一曲。柔らかなメロディと歌声、幾重にも重なるコーラスが独特の浮遊感を生み出しており、母を置いて前に進むことを決意したチセにあたたかく寄り添っている。

第18話、第24話挿入歌

「花数え」

歌・作詩・作曲：新居昭乃
編曲：保刈久明

第18話ではエリアスが癇癪を収めたあとにベッドの中で、第24話ではカルタフィルスの怒りをなだめるように、チセが歌った子守唄。母子の愛を感じさせるような詩と、透き通るような歌声、そして素朴なピアノの音色が印象的だ。

第14話挿入歌

「Rose」

歌・作詞・作曲：Kaco 編曲：川田瑠夏

吸血鬼と人間という異なる存在でありながら、互いを想い合ったリャナン・シーとジョエル。「Rose」は彼らの最後の逢瀬に寄り添う形で使用された楽曲だ。限られた時の中で他者を想う心を切なく、儚く、それでいて優しく歌い上げている。

第11話、第12話挿入歌

「イルナ　エテルロ」

歌：竹中大地
作詞・作曲・編曲：白戸佑輔

「百花の歌（エコーズ）」の二つ名を持つリンデルが、月明かりに興が乗って披露した歌。魔法の呪文のような言葉を紡ぎながら伸びやかに響き渡る歌声に耳を傾けると、月の光に照らされた湖畔をエルフたちが舞い踊る神秘的な情景が目に浮かぶ。

COLUMN ③

『まほよめ』に描かれる
ロンドンの街並み

普段はイングランドの端で暮らしているチセたちだが、買い物などの用事でロンドンへ向かうこともある。彼女たちが歩いたその美しい街並みを、美術ボードと共に堪能しよう。

トラファルガー広場

ロンドンの中心地であるウエスト・エンド地区にある広場。奥に立つ時計台は、街のシンボルであるビッグ・ベン（国会議事堂）だ。広場の北西方面には、チセがヨセフと対峙したピカデリー・サーカスのエロス像がある。

ソーホースクエアガーデン

劇場やレストランなどが集まるロンドンの繁華街・ソーホー地区にある小ぢんまりとした公園。エリアスとレンフレッドに贈るクリスマスプレゼント探しに行き詰まったチセとアリスは、ここでハンバーガーを食べながら一休みした。

レストラン

チセとアリスが食事をした店。ボックス席のほか、テーブル席とカウンター席、さらに店の奥にはビリヤード台もある。チセたちはフィッシュ＆チップスやシェパーズパイを食べながら、クリスマスプレゼントについて相談した。

ハイドパーク

敷地面積約 140 万㎡という広大な公園で、園内には大きな湖がある。アリスのかつての知り合いから逃げてきたチセたちは、この公園の湖に面したベンチで休憩。そのときにアリスは自身の過去をチセに話して聞かせた。

チセの夢の中 ロンドン

右はウェストミンスター橋から見たビッグ・ベンで、左はチセがカルタフィルスと会話をした公園。いずれも深い霧に覆われている。ロンドンはかつて大気汚染で「霧の都」と呼ばれていたが、今でも冬の寒い日には霧が発生することがある。

CHAPTER III

STAFF INTERVIEW

× 新福恭平 担当編集者

Staff Interview

短期間で生みだした物語が10年続く作品へ

――『魔法使いの嫁』という作品が生まれた経緯を教えてください。

ヤマザキ　一次創作をメインにした同人イベント「コミティア」にオリジナル作品を出すために作ったのが始まりです。ただ、実は練りに練って生み出したというわけではなくて、もともと描く予定だった作品を締め切り二週間前に「やっぱりこれは面白くないな」と思ってボツにしたんです。それで、二週間で新しいお話を考えなければならなくなって（笑）。そんな状況の中で生まれたのがこの『魔法使いの嫁』でした。それを新福さんに拾ってもらい、連載用にいろいろと手直しして今の形になりました。

新福　初めてお会いしたのが2012年でしたよね。二人で「もう10年も経ったんだね」とよく話しています。

――イギリスを舞台にした理由は？

ヤマザキ　私はもともと児童文学が好きで、特に子どものころは海外児童文学の翻訳が流行っていてイギリスの作家さんの作品に触れる機会が多かったんです。『ハリー・ポッター』シリーズとか、『魔法使いハウルと火の悪魔』とか。それでイギリスに興味を持つようになりました。さらに、日本やアジアのオカルト的な話も好きだったので、イギリスではどんな妖怪がいるのかと調べていくと妖精の話がいっぱいあるんだということがわかって。そういうきっかけや、興味が重なって、イギリスが舞台になりました。

そうやって生まれた子たちが10年以上経った今も長生きしているのはなんだか不思議な気がします

あと、これは実務的な話になるのですが、「日本の背景を描くのは大変」というのも理由の一つです（笑）。日本は多種多様なデザインの建物が軒を連ねていて街並みがあまり統一されてないですが、ヨーロッパ圏は建物のスタイルが確立されているので、最初に調べるのは骨が折れるのですが、一度調べきってしまえば描くこと自体はそこまで大変ではないんです。

――そうなんですね。日本のほうが描きやすそうなイメージがあったので、少し意外です。

ヤマザキ　私が北海道出身というのも関係していたかもしれないですね。やっぱり本州とは全然家の作りが違うので、自分が背景を描こうとするとどうしても北海道風になってしまうんです（笑）。なので、日本人があまり見慣れていない国のほうがいいんじゃないかと思いイギリスを舞台にしたという、打算的な理由もありました。ただ一番大きな理由は、伝承がいっぱい残っていることです。多くの風習や伝統が本としてまとめられているし、研究もされていて、日本語に翻訳された本もある。そういう意味でイギリスって、ヨーロッパの中でも、かなり〝日本人が手に取りやすいヨーロッパ〟なのではと思っています。

――チセとエリアスというキャラクターはどうやって生まれたのでしょうか？

ヤマザキ　さっきもお話したとおり本を出すまでに時間がなかったものですから、二人についても綿密に練って生み出したわけではなくて、気がついたら頭の中にいたという感じでした。考えたことといえば、チセは主人公だから描きやすさを重視して、エリアスは見栄えがするように、ということくらいで。連載として整えるうちに内面がとても面倒くさい……というか、複雑なキャラクターになっていきました（笑）。そうやって生まれた子たちが10年以上経った今も長生きしているのはなんだか不思議な気がします。

――新福さんは、編集者としてヤマザキ先生の描く漫画の魅力はどんなところにあると思いますか？

新福　ヤマザキさんがこれまで調べたり学んだりした知識の多さが、画面の中に言語非言語を問わず入っているところではないでしょうか。その魅力は、「再帰性」というキーワードで表現でき、その高さが物語っている気がします。昨今の傾向として、「読んですぐ満足できる作品」が求められることが増えていて、もちろんそれが悪いことではないのですが、彼女の作品は逆に、何度も何度も噛みしめるほどに味が出てくるんです。あとは普遍性という部分でも魅力があります。絵も物語も、時代の最先端ではないのですが、そのぶんいつ読んでも変わらないものを感じさせてくれる。10年前の中学生も今の中学生も、作品に触れたときに得られる感情はほぼ同じなんじゃないかと思うんです。そういう時代を超えた普遍性がヤマザキさんの作品にはあります。

今、改めて振り返る原作連載の裏話

――連載にするにあたって、ヤマザキ先生と新福さんの間ではどんなやり取りをされたのでしょうか。

新福　ヤマザキさんに「どういう設定を考えているんですか？」と聞いたら「こういうのを考えています！」と、膨大な量の資料が送られてきて（笑）。それが最初の驚きでした。それから、絵については「ファンタジーを描くに値する原稿の仕上がりにしたい」とおっしゃっていました。「僕も頑張ってほしいと思っているから、どう頑張るか考えましょう」という

原作者　ヤマザキコレ

話をした記憶があります。まずは背景の手数を増やしましょうということで、最初の数話は出力した原稿に赤ペンで「ここにこういう描写を増やしてください」と書いてヤマザキさんに原稿を戻していました。

ヤマザキ　そうでしたね。「草原がのっぺりして見えるから、もっと手数を増やしましょう」と言われたりしました。あと、「髪の毛ももっと線の数を増やそう」って言われて、髪の毛だけ別の紙に描き直して一度完成した原稿にはめ直したんですよ。デジタルとアナログを併用していたからできた荒業ですね（笑）。

新福　当時の原稿、まだ残っていますよ。

ヤマザキ　うわ〜、今見返すとやっぱり描き込みが少ないですね！　プロでも10年経つと絵柄、画風がすごく変わるので、今、漫画を描いている皆さんもそこに不安があるなら勇気を持ってください（笑）。

新福　ヤマザキさんも二回目の連載で、僕にとっては初めての連載だったので、あのときはお互いに手探りしながら、いかに打ち切りを回避するかに必死でしたよね。そのぶんいろんな失敗もあって。第1話の冒頭のモノクロページも、全部の原稿ができあがったあとで1ページ足りないことが発覚して、ヤマザキさんに2日で捻り出してもらいましたもんね（笑）。

ヤマザキ　そうそう（笑）。すごく申し訳なさそうに言われたのを覚えています。でも、あの1ページが入ったことで世界観がばっちりハマったと思っています。

――「打ち切りは回避できそうだ」と、手応えを感じたのはいつ頃でしたか？

ヤマザキ　第1巻が発売されて1週間後くらいに続々と重版の話が入ってきて。「これは回避できるのでは……？」と思いました。これだけ手を掛けてもらって打ち切りは嫌だなと思っていたので、ホッとしました。

新福　実は編集部としては、第1巻の発売前から「この冊数じゃ足りないよ！　早く増刷してほしい」という電話が書店さんから来ていたんです。たくさん作らなかったことを怒られたのはそのときが初めてでした。ただやっぱり、実際に売れるかどうかは蓋を開けてみないとわからないし、ぬか喜びになるとつらいので、その時点ではヤマザキさんには伝えていなかったんです。

ヤマザキ　確かに、それでぬか喜びになったらつらすぎる！（笑）

新福　でも、発売当日以降もドンドン追加注文の連絡が来るようになり、それでようやく「打ち切りは回避できそうだ」と安心し、ヤマザキさんにその旨をお伝えできました。その後も続々と重版がかかるから「これなら10巻ぐらいまでは続けられるだろう」という確信が生まれ、それからシリーズとして構成を組み立てていくことになったんです。

ヤマザキ　それでカルタフィルスとの物語を作っていったんですよね。その後の「学院篇」は、SEASON1のアニメ化のあとに新福さんが「『学院篇』もアニメをやるつもりでいますからね」と言っていたので、アニメがある前提で構成を練っていきました。

新福　とはいえ、いろいろと右往左往もしましたよね（笑）。

ヤマザキ　そうでしたね、キャラクターが多いぶん、みんながしゃべり出すと収拾が付かなくなってしまって……（笑）。そういった反省点もありましたけど、第1巻〜第9巻とは別のことをやれたという意味で「学院篇」を描けて本当によかったなと思います。こんなにも漫画が世に溢れている時代に、新たなことにチャレンジさせてもらえたのは本当にありがたいと思っています。

――チセが学院に通う布石は早い段階で用意されていたので、最初から「学院篇」の話まで構想ができていたのかと思っていました。

ヤマザキ　あ、学院の構想自体は早くからあったんですよ。もともとは学院から物語を始めようかとも考えていたんですが、あまりうまくハマらず一度はお蔵入りになったという経緯がありました。

一つ裏話をすると、学院は大英図

『魔法使いの嫁』第1話初期稿（上）と決定稿（下）

My Favorite Scene
ツンデレではない ルーシーの人柄を 繊細に表現

アフレコでは私から「もう少しこうしてほしい」という意見を言うこともあるのですが、キャストの皆さんはその意図を汲んで、非常に細かいニュアンスの違いも丁寧に表現してくれるのでありがたかったです。特にルーシーは、ともするとツンデレに見えてしまうので難しかったと思うのですが、その微妙な塩梅を繊細に演じてくださいました。(ヤマザキ)

書館の地下にあるという設定なのですが、実は当初、間違えて大英博物館をモデルにしてしまっていたんです。私が大英図書館だと思っていた建物は大英博物館のリーディングルームだったという……(苦笑)。先入観を持ってはダメなんだなと反省しました。それ以来、植生や建材などについてもしっかりと一次資料を当たって調べるようになりました。日本では当たり前だと思っていたものが、イングランドでは全然違ったりすることもありますからね。

原作執筆時に議論したことはアニメにも活かす

——アニメ化が決まったとき、またSEASON2が決まったときのお気持ちはいかがでしたか?

ヤマザキ　最初にアニメ化が決まったときは、「ドッキリではないだろうけど、え……? いいんですか……?」という感想でした。もちろん「やった! うれしい!」という気持ちもありましたけど、信じられない気持ちのほうが強くて。『まほよめ』のアニメって……ちゃんと商売になるのか?」みたいに、妙に現実的なことを考えていました(笑)。だから、SEASON2が始まったときは「よかった、ちゃんと商売になっていたんだ……」と、ホッとしました。

新福　僕は、第1巻の重版が止まらない時点で「映像のことも視野に入れなければならないな」と考えていました。当時のProduction I.Gの社長・石川光久さんから「グループ全体で取り組みたい」というお話を聞いたときは、喜びよりも「これは失敗できないな」と責任の重さが先にきました。OAD『星を待つ人』とSEASON1はProduction I.Gが幹事で、アニメーションの制作をWIT STUDIOが手掛けました。最初にグランドPVを作ったときは互いに意見がぶつかって。最初からバチバチになったりしたのもいい思い出ですね(笑)。

ヤマザキ　私はそれを事後報告で知るという(笑)。

新福　そうでした(笑)。SEASON2のときは逆に「アニメをSEASON1だけで終わらせてしまってはいけない」というところに責任が向いていて。WIT STUDIOのキャパシティやIGポートの考え方などさまざまな事情があるなかで「学院篇」を形にするには、「声をかけてもらってやる」のではなく自分自身で動かないといけないという意識に変わっていきました。SEASON1のアニメーションプロデューサーの長谷川博哉さんにツインエンジンの藤山直廉さんを紹介いただき、ツインエンジンさんが「この作品をやろう」と言ってくださったおかげで今回のSEASON2を作ることができたので、それが決まったときは心の底から安堵しました。

——アニメに対して、ヤマザキ先生や新福さんから意見を出すこともあるのですか?

ヤマザキ　SEASON1のときはみんな手探りだったので、私もいろいろとコメントしていたのですが、SEASON2では「ここだけは押さえておいてほしい」というところだけお伝えさせていただきました。SEASON1のときに積み重ねた信頼もありますし、私も「漫画家としてはこう思うけど、アニメの演出はまた違う」という、いい意味での棲み分けができるようになったというのもあって。だから、SEASON2は意外とコメントは少ないんです。

あと、コメントをするのはセリフのニュアンスに関することが多いかもしれません。私自身、漫画を描くとき、最初にネームを提出してから最終的に原稿をあげるまでずっとセリフを練り続けることが多々あるので、セリフの温度や雰囲気には周囲の皆さんの想像以上にこだわりがあるのかも。

新福　SEASON2だと、第19話のライザの「みじめたらしく」というセリフに対して、ヤマザキさんが『っ』を入れたほうが湿っぽく感じられるので、『みじめったらしく』としてほしい」というコメントを入れたりしていましたよね。もちろん音として口に出したときに認識されやすいかどうかは映像班のほうが理解していると思うので、「絶対にこうしてください!」という意味ではなく、あくまで意図をお伝えするという感じで。「こういう意図があるからこうなんだ」と伝えれば、映像班が考える材料にもなると思うので。

「フィロメラが祖母を罰するのは何か違うのではないのか」というのはヤマザキさんと僕とですごく議論した

ヤマザキ先生が 描きやすいキャラ、逆に 描くのが大変なキャラは?

内面も外見も、一番描きやすいのはゾーイです。人の好意や愛を純粋に受け止めて育っているので、内面が想像しやすいんですよね。逆に大変なのは、やっぱりチセかな。漫画って人に読んでもらうことが前提なので、作者が思う内面をそのまま描いてもダメなときがあって。読んでくれる方にわかりやすくするための調整が一番必要なキャラクターだと思います。

造形的にはフィロメラが、内面を出しすぎても、出さなすぎてもいけないので難しかったですね。エリアスは単純に手数が多いけど、犬の骨格標本に粘土で角をつけたものを作って、その写真を下書きのレイヤー素材として使用しているので、実は描くのはそこまで大変ではありません。描いているうちに不思議と表情が付くのが面白いですね。

My Favorite Scene
演出する側の理解度の高さを感じる SEASON2後期OP

SEASON2の後期OPは、今までとはまた一段違う映像ができたと感じました。映像としてただよくするだけではなく、「『魔法使いの嫁』という作品の中で、現代における映像のクオリティを追求する」ということがきちんと解釈されていて、なんというか演出する側の作品への理解度の高さを感じるんですよね。これによって寺澤監督とスタジオカフカの能力が対外的にも示されたような気がします。（新福）

あと、原作を作るときに我々で特に話し合った部分についてもコメントを入れていました。例えば、フィロメラ自身が「助けてほしい」という意志をどう発露させるのかという点や、おばあさん（リズベス）をどう扱うかというところ。「リズベス自身も被害者であり加害者でもあるという構造の中でフィロメラが祖母を罰するのは何か違うのではないのか」というのはヤマザキさんと僕とですごく議論したシーンだったので、そこはアニメでも丁寧に描いてほしいとお伝えしました。

大勢の人の力で作られるアニメ『まほよめ』の魅力

――アニメをご覧になって、特に印象に残ったキャストの方の芝居はありますか？

新福　役者さんの芝居で言えば、ヤマザキさんも僕も、本当に種﨑敦美さんという役者さんにチセをお預けできてよかったと思っています。技能的な面はもちろん、感情的なところでも。そして、竹内良太さんがエリアスを演じてくれたことも、とても作品を支える柱になってくれているなと感じ、ありがたいなと。

ヤマザキ　本当にその通りですね。私、基本的には文字畑の人間なので、「ここで改行すると文章を目で追ったときにバランスがいい」みたいに考えることはあっても、「このキャラクターはこの声優さんの声」みたいなイメージはまったく持っていなかったんです。だから、アニメ化する際に「どういう雰囲気の声ですか？」と聞かれてめちゃくちゃ困りました（笑）。そこで、「こういう感じかな？」という断片的なニュアンスを新福さんにメモってもらいました。それを汲み取ってキャスティングしてくれたアニメスタッフの皆さん、芝居をしてくれる役者の皆さんには感謝しかないです。

新福　ヤマザキさん本人は「あんまりイメージがない」とおっしゃるんですけど、「冷たいんですか、温かいんですか？」「低いですか、高いですか？」「ゆっくりしゃべりますか、それとも早口ですか？」と、大きなニュアンスから詰めていくと、割とはっきりとしたイメージの輪郭があるように感じました。SEASON1の長沼範裕監督や音響監督のはたしょう二さんも、ヤマザキさんのメモを見て「はっきりイメージしやすい」とおっしゃっていましたよ。

ヤマザキ　それはよかったです。SEASON2のときも、あまり名前は聞かずに、声のサンプルだけをもらって「この方よりこちらの方のほうがイメージに近いかも」という印象をお伝えしました。「このキャラクターをやっている人」という先入観が一切ない状態でサンプルの声を聞けたのがよかったんだと思います。さらにアフレコを聞いて、「こういう感じにやってくれるんだ！」と感動していました。

――では、絵や色、音など、映像面で印象に残っているシーンは？

ヤマザキ　具体的なシーンではないのですが、私は基本的にモノクロの漫画を描く人間なので、全編にわたって色がついていることに感動していました。ドットのゲームしかやったことのなかった人間が初めてポリゴンのゲームに触れたときみたいな未来感というか（笑）。

新福　色というと、先ほどお話したグランドPVのことが思い出深いですね。そのときに一番もめたのが「色」についてだったんですよ。我々としては「『魔法使いの嫁』はキラキラとした作品ではなく、彩度ももっと低いんだ」という考えだったのですが、一方で映像班には「いや、アニメらしさや監督の意図も大事だから」という考えがあって。そのせめぎ合いの中でとことん意見をぶつけ合ったんです。そのやり取りのおかげで本編はしっかりとチューニングして始めることができたので、あれも必要なやり取りでしたね。

ヤマザキ　あと、SEASON2は光の表現がすごくよくて、毎回オンエアを観ながらビックリしていました。室内に入ってくる光とか、ガラスに映る光の表現とかがすごく印象に残っています。

新福　SEASON2第1話で、チセが寮の部屋の扉を開けるか開けないか悩むシーンがありましたけど、あそこのガラスに映るチセの処理もめちゃくちゃよかったです。本当にたくさんの方が真剣に向き合って作ってくださっていることを感じられましたし、改めてありがたいなと思いました。

――最後に、読者へ向けてメッセージをお願いします。

新福　アニメ『魔法使いの嫁』公式コンプリートブックを手に取ってくださり、ありがとうございました。中間制作物などもご覧になって、「アニメってこんなふうに作られているんだ」と知った上で改めて映像を観ていただくと、別の面白みも生まれるでしょうし、より親しみを覚えてもらえると思います。このコンプリートブックを、もう一度映像を観るときの副読本として楽しんでください。

ヤマザキ　アニメも漫画も、本当にたくさんの人の仕事のおかげで作品は出来上がっています。それを想像しつつ、引き続きアニメでも漫画でも『魔法使いの嫁』をお楽しみいただけたらうれしいです。私もこの作品をより長く続けられるよう、健康に気を付けて、引き続きチセたちの物語を描いていこうと思いますので、これからもよろしくお願いします！

アニメ SEASON2 制作決定イラスト

やまざき・これ／北海道出身／漫画家／2012年にデビュー。主な作品は、『ゴーストアンドウィッチ』（連載中）、『フラウ・ファウスト』（講談社・全5巻）ほか。『魔法使いの嫁』の新シリーズ「獣殺し篇」は2023年12月よりコミックグロウルで連載をスタートした

しんぷく・きょうへい／鹿児島県出身／漫画編集者／2011年にマッグガーデンに入社。2013年には『魔法使いの嫁』の連載を立ち上げ、そのほかにも多くの人気漫画の編集を担当。2023年にはブシロードワークスの代表取締役、コミックグロウルの編集長に就任した

SEASON2 監督

寺澤和晃

てらさわ・かずあき／4月15日生まれ／愛知県出身／スタジオカフカ所属／アニメ監督・演出家／主な参加作品は『けだまのゴンじろー』（演出・絵コンテ・脚本）、『オーバーロードⅢ』（絵コンテ・演出）ほか

Staff Interview

ちょっとでも原作の表情に近づけたいと考えながら作っていました

自分の人生を投影できる物語のキャラクター

——『魔法使いの嫁』という作品にどんな魅力を感じていますか？

寺澤　一つは、ヨーロッパの神話や伝承が盛り込まれているところです。それらを知った上で読むと、キャラクターの名前や設定にさまざまな意味付けがされていることがわかって、物語に深みを感じます。そしてもう一つは、特に「学院篇」の魅力になりますが、家や血に縛られていたフィロメラをはじめとする子どもたちが、自分の力で解き放たれていくところですね。原作ファンのとあるスタッフが、（SEASON2）第22話の作業中に「自分は、フィロメラが救われるこの第22話をやるためにこの作品に参加しました」と言っていたんです。「自分には心に傷を負った友人がいるから、フィロメラを助けることでその子のことも助けたいんだ」って。僕はそれを聞いてすごく感動しました。『魔法使いの嫁』って、特に女性が自分の人生を投影できる物語になっていると思うんです。きっと原作のヤマザキ（コレ）先生がしっかりと人間観察された上で一人ひとりを生きたキャラクターとして造形されているからこそ、ファンは自らを重ねることができるのかなと。それは本作の大きな魅力だと考えています。

——「第22話をやるためにこの作品に参加した」という言葉に、想いの強さや、意気込みを感じます。

寺澤　そのスタッフはフィロメラを助けにきたチセのシーンを担当していたのですが、「このチセは自分でもある」と言い、とてもこだわりを持って芝居をつけてくれました。あのシーンのチセって一見すると〝ヒロインのフィロメラを助けにきた騎士さま〟のようなのですが、実はそうではなくて、「救うのは自分のわがままだ」という想いがあるからちょっと苦しそうな顔をするんです。そういうふうに『魔法使いの嫁』は一つの表情に常に複数の感情が入り混じっているので、ちょっとでも原作の表情に近づけたいと考えながら作っていました。

——「学院篇」をアニメ化するにあたって、原作サイドからは何かオーダーがありましたか？

寺澤　ヤマザキ先生から「必ずこうしてほしい」という強い縛りを受けたことはなくて、逆にこちらから質問や確認をさせていただくことのほうが多かったです。例えば、「ザッケローニとヴァハマンはどういう関係ですか？」とか。はっきりと明言されてはいないですけど漫画を読むと二人の間に見えない絆が感じられるので、そのニュアンスをアニメにも落とし込めたらと思って質問してみました。神話の絡め方などについてもそうなのですが、裏側を知って「そうなんだ！」と驚かされることもたくさんありました。

——「学院篇」を2クールのアニメにするため、構成面で意識したことについて教えてください。

寺澤　構成については、SEASON1でも脚本を担当していた高羽彩さんの旗振りのもとで、今回から参加した脚本チームの皆さんとも相談しながら考えていきました。分量が多いためそのままなぞると尺に収まりきらないのと、アニメにしたときにわかりにくくなってしまうので、自分たちなりに「こうするとアニメとしてよりわかりやすくできるかも」と思うところを挙げ、削らなければならない部分を精査していきました。

　一方、視聴者の理解を促すためアニメで補足したシーンもあります。例えば、第18話。フィロメラが禁書を持っていたことが明らかになりますが、「チセは禁書の匂いをたどることもできたはずなのに、なぜ禁書の持ち主に気づかなかったんだろう？」という疑問が湧く人もいるはずです。そこで、「普段はアルキュオネの中に本を隠していて、必要なときだけフィロメラが取り出していた」というのが映像としてわかりやすくなるように、アニメではそれを補足するシーンを追加したりしています。

——映像づくりの面でSEASON1から踏襲しようと思った点、あるいは、新たに挑戦したポイントはありますか？

寺澤　「作品の中に流れる時間と空気感はSEASON1と大きくはずれないように」ということは意識しています。最近のアニメだとだいたい1話あたり320～330カットくらいのことが多いのですが、この作品では話数によって違いもあるものの、260～270カットということもけっこうあります。「ねぇ」と言ってから話し始めるまでの〝間〟にキャラクターたちの感情や温度感が表れていたりするので、そこは尺の許す限り丁寧に描きたいと思って制作を進めました。

　また、「新しい挑戦」という意味では、作品の舞台も変わり、今回は人間にクローズアップした物語になっているので、それによる美術の見せ方に違いがあります。SEASON1ではイングランドの自然の美しさを美術で見せることが多かったのですが、「学院篇」のメイン舞台

My Favorite Scene

フィロメラの心の中から湧き上がる感情

SEASON2の第22話終盤は、「フィロメラは絶望しつつもどこか自分を信じる気持ちがあって、チセが駆けつけたときにそれが湧き上がってくる」という部分を音楽でうまく表現できたのではないかと思っています。あのシーンはキャスト陣の芝居も素晴らしくて。特にルーシーの、怒りと、フィロメラを助けたいという気持ちと、彼女自身のまっすぐさが入り混じった叫びの芝居は、圧倒されながら聞いていました。

となる学院は魔術を研究する開かれた機関であると同時に生徒たちを縛る場所でもあるので、美術も必ずどこかに影を落とすようにしています。窓の格子もどこか牢屋っぽく見えるようになっています。また、音響の面でも、SEASON1では音楽を場所や空気感につけることでキャラクターを俯瞰して見ている印象を生み出していたのですが、SEASON2は人間の心情に寄り添う音楽を発注させていただきました。言葉では言わない感情を音楽で補足することも多かったですね。

たくさんの人の力を借り描ききったSEASON2

——「学院篇」のキャスティングについて教えてください。

寺澤　キャスティングはまずは僕らからざっくりとしたイメージを出し、音響の松下春香さんにそのイメージに合う方の候補を探してもらって、プロデューサーや、ヤマザキ先生などと、何度も話し合って決めていきました。その甲斐もあり、実際に決まったキャストの皆さんは本当にイメージ通りで、しかもどことなくキャラクターとリンクするところがあるのが面白かったです。リアン役の山下誠一郎さんはストイックでちょっと不器用な雰囲気が和製リアンという感じだなと思いますし、（フィロメラ役の）河瀬茉希さんはご本人がすごく明るい方で、初めてお会いしたときはフィロメラのお芝居とのギャップに驚いたのですが、周囲への気配りの中に繊細さもあって、そこが共通点でもあるなと思いました。

『まほよめ』はほかの作品に比べて、〝エンターテイメントのアニメキャラクター〟というより〝リアルにいる等身大の人物〟として、実写作品のように演じてもらうことが多かったように思います。難しい芝居だったと思うのですが、皆さん、すごく力を入れて演じてくれました。河瀬さんが第22話のアフレコ後に「声優冥利に尽きる作品」と言ってくれたのが印象に残っています。

——ちなみに、寺澤監督が好きなキャラクターは？

寺澤　女性だとルーシーが好きです。踏み出せないところを引っ張っていってくれるから。男性だとアイザックがいいやつなんですよね。あと、キャストの方の芝居で言うと、僕はライザの声を聞くたびにシビレます。長く生きた人にしか出せない深みみたいなものを、小山茉美さんがしっかりと表現してくれました。小山さんとリズベスを演じる定岡小百合さんって実はすごく仲がよくて、アフレコが始まる前は「こんなふうにやっちゃおうかな、うふふ」とキャッキャワイワイしているんです（笑）。けど、本番が始まるとガラリと空気が変わって。そのギャップというかコントラストも面白かったです。

——寺澤監督は第1クールのEDや第2クールのOPの演出も担当していますね。どんなところにこだわったのか、教えてください。

寺澤　SEASON2第1クールでは、作品をご覧になっている方にもチセと一緒に、物語が進むにつれて新たなキャラクターたちの人となりに触れていく体験をしてもらいたかったんです。そこで、EDは説明過多にしたくないと思っていました。なので、なかでも特に興味をもってもらいたいチセ、ルーシー、フィロメラの3人をクローズアップし、彼女たちが魅力的に見えるように作っています。

第2クールのOPは、まず五十嵐祐貴さんの絵コンテが素晴らしかったです。シェイクスピアの舞台のような雰囲気を演出として取り入れ、「作り物の囚われた世界から連れ出す」というストーリーを描いているのですが、実は「『魔法使いの嫁』という作品を外から見たとき、僕にはこう見える」という作りにもなっているんです。例えば、冒頭でエリアスが悪役のように登場しますが、あれは作中で最初に「カルナマゴスの遺言」に触れたのはエリアスだからなんです。見方によっては「エリアスが引き寄せたようにも見えるのでは？」という問いかけでもあって。もちろん事実としてはエリアスが意志を持ってあの事態を誘導したわけではないのですが、「外から見るとそう見えるかもね、あなたにはどう見える？」と問いかけているわけです。物語の枠から少しはみ出したような、面白いアプローチをできたのではないかなと思っています。

——最後に、読者へメッセージを。

寺澤　カフカは小さい会社なのですが、今回、社員ではない方がヘルプとして制作進行に入ってくれたり、いろいろな人の力を借りて最後までこの『魔法使いの嫁』SEASON2を描き切ることができました。この作品を通して、僕自身も人と人の繋がりを感じられた気がします。自分たちができることをすべて詰め込みましたので、ご覧くださった皆さんにもそれを楽しんでいただけたならこれ以上うれしいことはありません。原作はこれからも続きますので、アニメも観返しながら、これからのチセたちの物語を見守っていっていただきたいです。

脚本

高羽彩

たかは・あや／5月10日生まれ／静岡県出身／脚本家・劇作家・演出家・俳優／主な参加作品はアニメ『PSYCHO-PASS サイコパス』（脚本、文芸協力）、ドラマ『ここは今から倫理です。』、『東京貧困女子。』（脚本）ほか。タカハ劇団主宰

Staff Interview

みんなで一つのものを作っている感覚がクリエイティブな作業として楽しかった

理不尽さや世知辛さにリアリティがある

——高羽さんは普段、アニメだけでなく舞台の脚本も多く手がけていますが、アニメと舞台の脚本とで違いを意識するところはありますか？

高羽　意識というか、まったく違う仕事という感覚ですね。舞台の場合は、すべてのキャスト。スタッフが脚本を読んだ上で、直接のコミュニケーションを経てシーンを作ります。一方でアニメの場合、脚本は絵コンテを描く人が読むものです。なので、どういうカット割りで、どんなテンポ感でコンテにしてほしいかがわかるよう、ト書きなどをより精緻に描くようにしていますね。

——高羽さんが考える『魔法使いの嫁』という作品の魅力を教えてください。

高羽　「妖精や怪異といった〝人間とは異なるルールの中で生きているモノたち〟は、人間にそう都合のいい存在ではない」という厳しさがあるところかなと思います。人間と人間ではないモノが交流する、ハートウォーミングなお話もたくさんありますけど、この物語は全然そうではなくて。ある種の世知辛さや理不尽さが描かれているところに面白さがあるし、そこにリアリティを感じられるのかな、と。

また、そういった人間ではない存在の理不尽さと物語の整合性とのバランスも絶妙だなと感じます。「困っていると誰かが来て奇跡的な力で助けてくれる」みたいな展開は基本的になくて、とにかく自分たちが頑張ってなんとかしないといけない。チセもエリアスも、自分の頭で考えることで成長していくじゃないですか。その厳しさがあるからチセたちを応援したくなるし、「自分たちと一緒だな」と感情移入できるんですよね。

——魔法を題材にした物語でありながら、「……何もしないで起きたら何もかも良くなってるなんてこと——そんな魔法みたいなこと……一度もなかったよ」というセリフもありましたしね。

高羽　そうですね。そもそも作中に出てくる魔法って根源的に何かを救ったり変えたりするようなものではないんですよ。「結局、自分自身の力で成し遂げるしかないんだ」という強い哲学が根底にある作品だと思います。

——そんな本作の脚本作業をする際、高羽さんが大切にしていることは？

高羽　アニメなのでどうしてもエモく盛りあげたくなるときがあるのですが、そのレベルはなるべく抑えることを意識しています。今お話ししたような「作品そのものが持つ冷たいリアリティ」が、演出過多・説明過剰になると見えにくくなってしまう気がして。1から10までを丁寧に説明するのではなく、観た方が自分で感じていただけるような、ある種の突き放し感を持たせたいと考えていました。

——それは監督や原作サイドからそういうオーダーがあったのですか？

高羽　SEASON1を作るとき、アニメーションの現場と原作サイドの間でやり取りを重ねまして。その中で、ヤマザキさんの思い描く世界観にアニメーション側が周波数を合わせていき、徐々に『まほよめ』という作品はこういう世界観なんだ」と掴んでいったという感じですね。最初はやっぱり「アニメにするなら派手に動かしたい」とか「わかりやすくしたい」、「魔法の話だしキラキラさせたい」みたいに考えてしまっていたんです。でも、原作サイドは「いや、そうではないんです」と。その感性のすり合わせにはすごく時間をかけたと思います。そしてSEASON2では、そのときに原作側としたやり取りを、今度はSEASON1から続投のメンバーと、寺澤和晃監督をはじめとしたSEASON2からのニューメンバーとの間でもう一度行い、世界観を共有していきました。TVシリーズに入る前にOAD（『西の少年と青嵐の騎士』）の作業があったので、その中でスタッフ同士、密にコミュニケーションをとれたのがありがたかったです。

My Favorite Point

職人に徹して考え抜いたSEASON2の構成

SEASON2の第1話〜第4話の構成はかなりこだわっています。アニメって最初の1話だけを観て視聴をやめてしまう方も多いので、「これからどんな物語が始まるのか」をなるべく早く提示しないといけないという命題があるんです。でもこの作品はゆったりとした時間の流れが魅力だし、原作通りに観たいというファンの方も当然いるし……いかにそれを両立させるかを考え抜いて、ああいった構成にさせていただきました。

――そういったやり取りを経て、ハリウッド映画のようなダイナミズムとはまた違う、『まほよめ』ならではの、静かで薄暗くて、でも心を震わせるような空気感が作られてきたんですね。

高羽　チセのキャラクター感をみんなで掴む作業も難しかった気がしますね。チセは率先して人を助けるために動くけど、その前に一度逡巡するじゃないですか。「これは相手のためではなく、自分のためにしていることなのでは？」みたいに。そういう迷いが常にあるから、いわゆるヒーローのようにバーッと走り出すことはそうそうないんです。だから、単純に「チセ強い！　かっこいい！」という展開にはできないので、そのときになぜチセが迷うのか、そこにどういう障害があるのかをきちんと理解し、感情を汲み取って動かさないといけないと、いつも考えていますね。

アニメとしてわかりやすい構成を考える

――アニメと漫画を見比べると、非常に細かく場面の順序が入れ替わっていたりもしますが、それらはどういう狙いで行われているのでしょうか？

高羽　『まほよめ』は間が印象的な作品ではありますが、実はすごくセリフの量も多いんですよね。マンガとして読む場合は自分のペースで読めるし、戻って確認することもできるのですが、物語の進むペースが他人に委ねられているアニメというメディアの場合、それは基本的にはできなくて。なので、なるべくパッと観てわかるように、時系列をシンプルに構成しているんです。原作ものの作品の脚本作業をするときは、そういう構成を考えるのが一番の腕の見せどころだと思っているので、こだわって作業していますね。パズルみたいなイメージで楽しみながらやっています（笑）。

――具体的にはどうやって考えているんでしょう？　ひたすらPCや原作に向き合うのか、図を描いたりしてみるのか……。

高羽　私の場合、まずは原作に描かれているセリフを全部書き出すんですよ。そうすることによってただ読んでいるときよりも深い読解ができるようになって。そのなかで自然と構成が見えてくるという感じです。実際には本編で使わないセリフも書き出すというのは非効率にも思えるのですが、結局一番それが手っ取り早いんですよね。構成さえできてしまえばその後の作業は早いですし、そこに一番時間をかけるようにしています。

――シナリオ打ち合わせの思い出を教えてください。

高羽　SEASON1のときは脚本家が自分だけだったので、長沼範裕監督とガチンコでやり取りをしていたのですが、SEASON2では関わる人も増えたぶん議論の幅が広がったと思いました。今回、脚本は私を含めて四人で作業しているのですが、米内山陽子さんは私よりも多くのアニメ作品を手がけるベテランですし、若手の西中千晶さんと髙橋明峰さんは私には思いもよらない角度の提案をしてくれたりして。みんなで一つのものを作っている感覚がクリエイティブな作業としてすごく楽しかったですね。よく見ると話数ごとに担当した脚本家のカラーが表れていたりするのも面白かったです。

例えば第16話の肝試しのエピソードは髙橋さんが担当した話数なのですが、ホラー描写の積み方がホラー好きな人のそれだな、と（笑）。『まほよめ』という枠を大事にしながらも、ホラー好きがワクワクする要素が入っているところに、髙橋さんの好みが反映されていると思いました。私も米内山さんもホラー好きなので、思わず二人でニヤッとしていましたね（笑）。

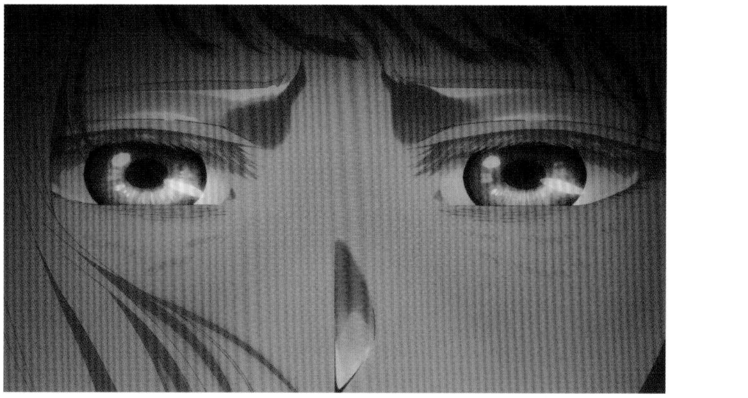

――高羽さんがお気に入りのキャラクターを教えてください。

高羽　サイモンが好きです。自分が傷ついていることを一度諦めている感じといいますか、諦めることで過酷な報われなさに向き合っているのが、非常に大人の態度だな、と。チセもエリアスもまだ子どもなので、サイモンのような大人がいると精神的な寄りどころになってくれるなと思います。

ちなみに、原作では「学院篇」の物語の中でサイモンのエピソードもあったのですが、アニメではそれを描けていないんです。サイモン好きとして言わせていただきますと、それはアニメの限られた尺の中で、「学院篇」のサイドストーリーとして短く済ませるにはあまりにもったいなさすぎるから。次にスポットが当たることがあればそのときこそは！と思っています。

――最後に、読者へメッセージを。

高羽　SEASON1から考えると非常に長いプロジェクトになりました。きっと現実を生きる皆さんの中には、初めはチセに同じ目線で共感していたけれど、今は大人の視線で応援するようになったという人もいるのだろうと思うと、私自身も非常に感慨深いです。これからもチセの人生は長いでしょうし、まだまだ成長の途上にあるチセとエリアスの変化と行く末を引き続き見守っていただければと思っています。

キャラクターデザイン

加藤寛崇

かとう・ひろたか／1月22日生まれ／愛知県出身／WIT STUDIO所属／アニメーター、キャラクターデザイナー／主な参加作品は『鬼灯の冷徹』（キャラクターデザイン・総作画監督）、『GREAT PRETENDER（サブキャラクターデザイン・総作画監督）』ほか

Staff Interview

“キャラクターに芝居をさせること”を改めて意識させてくれた作品

内面を掘り下げたキャラクターデザイン

——加藤さんが考える『魔法使いの嫁』の魅力を教えてください。

加藤　「キャラクターがそこで生きているんだ」と思える描写の仕方が魅力だなと思っております。人間だけでなく、妖精たちにもちゃんと行動原理があって、それに基づいて行動をしていて。そういうバックボーンがしっかりしているところがすごい！　ただ、そこが作業するときの難しさでもあります。アニメ作りは集団作業なので、みんなが飲み込みやすい、ある種の記号的なパターンに落とし込んでやるのがスタンダードなのですが、この作品ではそれがまったく通用しないんです。どんなキャラクターにも必ず一つだけじゃなく、二つも三つも感情や思考が隠れている。そこが難しさであり、本作の面白いところですね。

——そんな本作のキャラクターデザインをする際に、原作サイドやSEASON1の長沼範裕監督からはどんなオーダーがありましたか？

加藤　SEASON1のときはまず主役のチセとエリアスから作業に入ったのですが、まぁこれが難航しまして（笑）。キャラクターデザインをするときは原作の絵を模写するなど外見から入ることが多いんですが、チセの場合は単に外形的な特徴を拾っても「なんか違う気がする」になってしまったんです。そのときに長沼さんから「性格や内容をもっと掘り下げてはどうか」という提案があって。その方向でやってみることにしました。

——内面を掘り下げるキャラクターデザインですか。

加藤　ただ、そのときはあまりそういうやり方をしたことがなかったので、具体的なやり方はかなり悩みました。長沼さんに言われたことで印象的だったのが、「チセは大人しく見えるけど、実際はものすごく気が強いんです」という言葉。また、僕は当初、チセの目尻を丸く描いていたのですが、それに対して原作者のヤマザキ（コレ）さんが「彼女の気の強さは目つきのキツさに表れていて、サイドの髪で目尻を隠すことでバランスをとっています」と言ってくださって、なるほどと思いました。それをとっかかりとしてチセを形作っていきました。

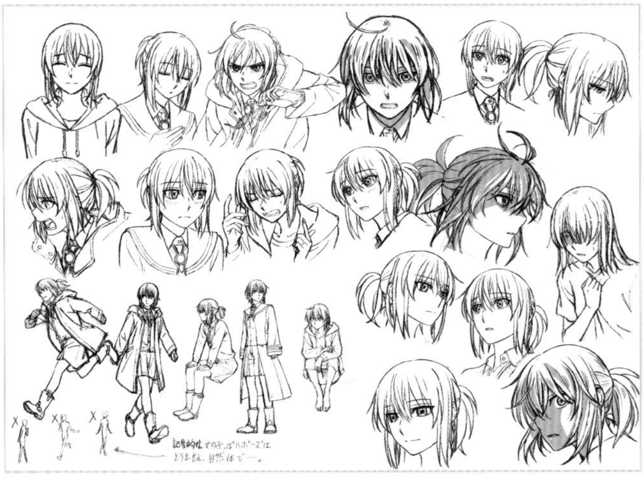

——エリアスについてはいかがですか？

加藤　「動物の骨の頭をした、表情のないキャラクターを、どうやってほかの人も描きやすい形に落とし込むか」という部分が大変でした。特に角が難しくて。正面や横はともかく、斜め後ろのアングルになるとどう見えるのかまるでわからないんですよ。最初はヤマザキさんがエリアスの資料にしている骨の模型の写真をもらって参考にしながら描いていたのですが、途中からは自分でも粘土で角を作り、それを見ながら作業をしていました。

　あと、ヤマザキさんは動物などについて具体的なチェックが多かった印象があります。ルッツはアイリッシュ・ウルフハウンドなどの大型犬を参考にしているのですが、「ああいう犬種だと首はここまで上がりません」という指摘があったり。当時は「俺は絵が描けるぞ！」というつもりでいましたけど、天狗の鼻を見事にへし折られました（笑）。

——SEASON2のときは、寺澤和晃監督から何かオーダーがあったのでしょうか？

加藤　寺澤監督はキャラクターに関してはだいぶ任せてくれましたね。僕自身も別作品での経験を活かしつつ、引き続き内面を掘り下げることを重視しながらやっていました。まず、そのキャラクターが出てくる原作のコマをひたすら集めて。そうすると、キャラクターの内面をより深くまで理解できるし、ただ漠然と読んだだけではたどり着くことができないポイントに気づけたりするんです。そうした作業をベースにして作っていきました。SEASON2では僕はキャラクターデザインだけをやっていて現場には入っていない

My Favorite Scene

ネヴィンと見た空のシーンに手応えを感じた

専用の音楽が付いているシーンはやっぱり印象に残っていますね。特にSEASON1第3話のネヴィンと空を飛ぶところは、自分の中で「この作品、いけるな」という手応えを感じられた思い出深いシーンです。SEASON2だと、第2話でチセを教室に案内したアリスが「いーじゃん」と言いながら立ち去るところ。チセとの距離感や彼女の人となりなどいろんなものが感じられる、非常にいい芝居だなと思いました。

ので、気づいたことはメモとして寺澤監督に渡して共有しました。

——SEASON2のチセはSEASON1のときよりもビジュアル的に強さがありますよね。

加藤　SEASON1の頃はもともと碌なものを食べていなかっただろうから、その表現として華奢な体つきと儚さを優先していました。でもSEASON2では体力的にも元気ですし、栄養状態もよく背も少し伸びているので、SEASON1のデザインをリファインして年齢も重ねた感じにしています。

キャラの個性が見える体型や立ち姿を意識

——チセとエリアス以外のキャラクターのポイントも教えてください。

加藤　さっきは「記号的じゃない」という言い方をしたのですが、造形的にはヤマザキさんが髪型やアイテムでかなりそれぞれのキャラクターらしさを込めてくれているので、僕としては今お話した内面的な部分と、手のごつさや細さ、体型の違いなどを気にしながら制作しています。まずは極力裸に近い素体を作って、それに服を着せるという着せ替え人形的な感じでやっていました。

——体型の違いと言うと、SEASON1のチセとアリスはどちらも体型的にはほっそりとしていますが、アリスは背が高くて手足が長そうで、チセの華奢さとは違う印象がありますよね。

加藤　そうそう、アリスの場合はちょっと骨っぽくて、身長の伸びに対して肉の付き方が追いつかない感じがあるんです。そういう部分はヤマザキさんが大事にされていると思うので、自分も意識していました。

あとは、各キャラクターの細かい特徴ですね。例えば、リアンは髪型がパッツンだけど、毛先は少しトゲトゲしているんです。アニメ的には毛先が揃っていたほうが当然描きやすいのですが、それだとやっぱり印象が違って見えるので、面倒でも毛先の束感を入れるようにしました。フィロメラの場合は姿勢がうつむき気味で自信のないニュアンスに。立ち姿でその人となりがある程度わかるといいなと思いながらそれぞれのキャラクターをデザインしていきました。

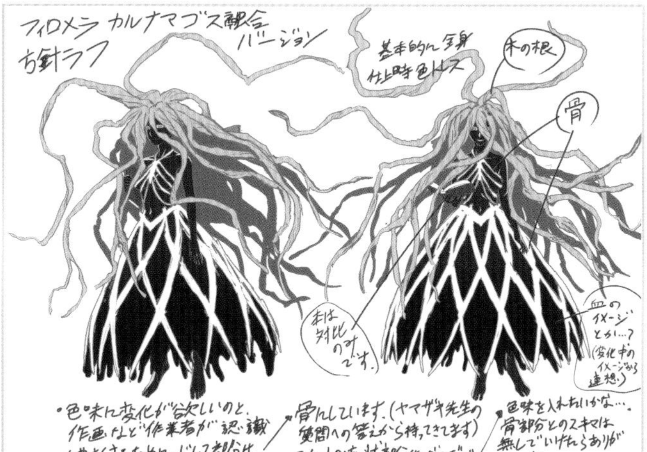

——加藤さんはSEASON1のときは総作画監督も務められていましたが、そのときに大切にしていたことは？

加藤　これは『まほよめ』に限った話ではないのですが、「これはどういうシーンか」「そこで表現したいことがちゃんと表現できているか」というところですよね。例えば、SEASON1第7話ではルツが初めて犬に変身するシーンがありましたが、そのときは彼がのちに家族になるかどうかはまだわからないんです。なので、あのシーンでは単純に怪物のように見せたいと思い、実際よりも大きく、怖そうにしたり、吐息も攻撃的な感じにしたりしています。あとは、ボーっとしているように見える表情でも、「今、チセの話を聞いて、自分の妹（イザベル）のことを思い出している」というのが裏にあるので、単なる〝ボーっとした顔〟ではなく〝妹を思い出してボーっとする顔〟になるようにしたり。実際にそれが観てくれた方に伝わっているかはわかりませんが、心がけながら仕事をしています。

——『まほよめ』の場合、特に一つの表情にいろいろな感情が詰まっていたりするので、より難しそうです。

加藤　そこは想像力を働かせて、「この流れならこういう感情も入っているよね」というのをいろいろ入れ込みながら表現しています。SEASON1のチセは特に感情があまり表情に出なかったのでその狭い範囲の中でニュアンスを表現するのが難しかったですね。逆に感情が爆発するシーンでは、振り切ってエモーショナルに見えるようにと考えながら。そういう意味では、〝キャラクターに芝居をさせること〟を改めて意識させてくれた作品だと感じます。

——ちなみに、加藤さんの中で特に描くのが難しいキャラクター、楽しいキャラクターは誰ですか？

加藤　難しいのは圧倒的にチセです。眉毛の角度が1度違ったり、目との距離が線一本ぶん離れたりするだけでだいぶニュアンスが変わってしまうので。ただ、だから楽しくないというわけでは決してなくて、非常にやりがいがあると感じています。それはほかのキャラクターも一緒で。そういった挑戦がどのキャラクターにもあるので、描くのは難しいけど楽しいですね。

——最後に、読者へメッセージを。

加藤　SEASON1やOADから応援してくれた方、SEASON2から新しく入った方、いろいろな方がいらっしゃると思いますが、長い間応援いただきありがとうございます。原作の物語にもいったん追い付き、アニメの続きを作るまでにはまたしばらく時間が空くかと思いますが、年を経てキャラクターたちが成長していく作品なので、気長に待ちつつ、また新しいシリーズが始まったら「あいつ、元気にしているのかな？」という気持ちで観てくださるといいなと思います。

SEASON2 美術監督

田村せいき

たむら・せいき／天秤座／北の大地出身／アニメ工房婆娑羅所属／アニメ美術監督／主な参加作品は『虹色ほたる～永遠の夏休み～』、『けいおん！』シリーズ（いずれも美術監督）ほか

Staff Interview

再現はできないが提案はできるんじゃないか

素材感とインテリアで現代らしさを表現

――『魔法使いの嫁』という作品の魅力はどんなところにあると思いますか？

田村　ダークで、ファンタジーで、魔法使いで、囚われた運命の救済で、お姫様抱っこ。みなさまもお好きかと思います。さらに言えば、イギリスの田園風景の四季、ロンドンシティの石畳。私はそんなところも好きです。

――本作の美術について、原作サイドや寺澤監督から何かオーダーはありましたか？

田村「現代が舞台であることが伝わるようにしたい」というオーダーがありました。

――それを受けて、どのように「学院篇」の世界観を描いていこうと考えられましたか？

田村　各国、歴史地区などで街の佇まい、建築の外観、色味などを変更せず保存しているんです。その建築外観は変えず、パブリックな空間は高価で艶っつやな（今となっては）ハードウッドをたっぷりと使用して、個人宅などはリフォームして、無垢材家具を配置して、今っぽい色味でコーデしています。その対比が現代を感じさせてくれればいいかな、と思っていました。

――田村さんはSEASON2から美術監督に就任されましたが、SEASON1から踏襲しようと思ったポイント、逆に新たに挑戦しようと思った点などがあれば教えてください。

田村　素材の質感、表情と差し込む光の印象。SEASON1のBambooさま（美術監督を務めた竹田悠介さんが率いるアニメーション美術制作会社）の仕事っぷりには圧倒されまして、「再現できないかも」といった不安も存在していました。でも、仕事が進行していくなかで「再現はできないが提案はできるんじゃないか」といった心持ちに変化していったように感じます。美術スタッフの仕事を見ていて、SEASON1とは随分と違うがこれもいいと思いました。まだまだ提案したいことはあったのですがタイムアップ……でした。

――「学院篇」のメイン舞台となる学院の美術を作るうえで、参考にしたものなどはありますか？

田村　改装前と改装後の大英博物館です。展示物ではなくて、石材、木材の使い方、展示物を入れているマホガニーのケースなどを見ました。

――ロンドンの街並みやイギリスの風景を描く際に意識していることはありますか？　木々の生え方や植えられた植物、石畳の組み方などは日本のそれとは違うと思いますし、エリアスの家がある地域と、ブッシュクラフトで行ったスコットランドでもまた違ったりすると思いますが、何か参考にしたものはありますか？

田村　イギリスの田舎の特徴はヘッジ（生垣）、延々と続く丘だと思います。その辺の描写はエリアス邸周辺に集中しています。いいところですよね～。庭を散らかしていると怒

My Favorite Scene

フィロメラとアルキュオネを照らす夕日

SEASON2 第 20 話のアルキュオネがフィロメラを抱えて逃げる夕方の宅地。赤みの強い夕日光が二人を差し、痛々しくもありました。好きなシーンはほかにもたくさんあるのですが、SEASON2 第 3 話のカボチャ収穫のシーンのエリアス邸周辺の田園風景は一服の清涼剤ですね。キラキラな日差し、片隅に咲く野花、さまざまな緑色が表現できていたかと思います。

られるようですが……。湖水地方（編集部注＝ワーズワースが住んでいたグラスミアや、ポターが半生を過ごした村などがあるイングランド有数の美しい風景が楽しめる場所）で岩手くらいの緯度なようなので、その辺の爽やかな植生を参考にしていました。

また、映画では『リトル・ダンサー』を田舎の参考に、『ノッティングヒルの恋人』を現代のインテリア参考に観ていました。道端の描写などはディスカバリーチャンネルの『名車再生！クラシックカーディーラーズ』も観ました。イギリスの街中、田舎などを修理した車で走りながら映像を収録するので参考になりました。石材の積み方はポルトガル積み、フランス積み、イギリス積みなどいろいろあるようですが曖昧にしています。研究の発表の場ではありませんので。

――ちなみに、ＳＥＡＳＯＮ２ではコロナ禍でロケハンに行けなかったそうですが、田村さんご自身はもともとイギリスに行かれたことはあったのでしょうか？

田村　イギリスにはほかの仕事で二度行きました。ビールが美味しかったです！　フィッシュ＆チップスも！　だいぶ前ですが変わっていないように感じますが、どうなんでしょうか。また行ける機会があるといいなあ。

――色味や空気感などは色彩設計の小針裕子さんとやり取りをして決めていかれたのでしょうか？

田村　以前、『ローリング☆ガールズ』というお仕事がありました。そのときの美術が非常に多彩で色載せが難しそうだったのですが、そこをまとめあげたのが小針さまでしたので、今回もまったくのお任せです。エクセレンスです！

――キャラクターの心情と背景の雰囲気がリンクしているような表現も印象的ですが、そういったシーンを作業される際に心がけていることはありますか？　特に田村さんのこだわりが現れたシーンがあれば教えてください。

田村　光の差し込み具合とキャラにフォーカスすること。「フェルメールだ！」と言わんばかりに窓光源のシーンがたくさんありました。バストショットからは背景の情報を減らして、キャラの心情に寄り添っていただきたいのです。ぼかしは任せてください！　細かく描くのが苦手でもあるのですが……。

――お気に入りのキャラクターについて教えてください。

田村　エリアスの、微妙に近かったりする距離感が素敵です。自分がそうなれないので、あんなふうに大人を装ってみたいですね。

――オンエアをご覧になって印象に残ったシーンはありますか？

田村　ＳＥＡＳＯＮ２第６話、エリアス邸の屋根での満月シーン。アリスが「あんたの弟子を一晩借りる」と言い、エリアスは「貸したくないんだけど」と応える。この辺のやりとりもチャーミングでしたが、満月に照らされてて、とっても「フライ・ミー・トゥ・ザ・ムーン」の雰囲気でした。最後、二人で空に（実際に）舞い上がればよかったのに！　……ミュージカルに発展してましたかね（笑）。

――最後に、読者へメッセージを。

田村　『魔法使いの嫁』を愛してくださってありがとうございます。感謝します。

COLUMN ④

英国食文化に大満足！ まほよめごはん①

見ているだけでお腹が空いてくるような料理シーンの数々も本作の魅力の一つ。イギリスの食文化にまつわる豆知識を交えつつ、それぞれの料理の設定資料を紹介しよう。

シルキーの特製料理

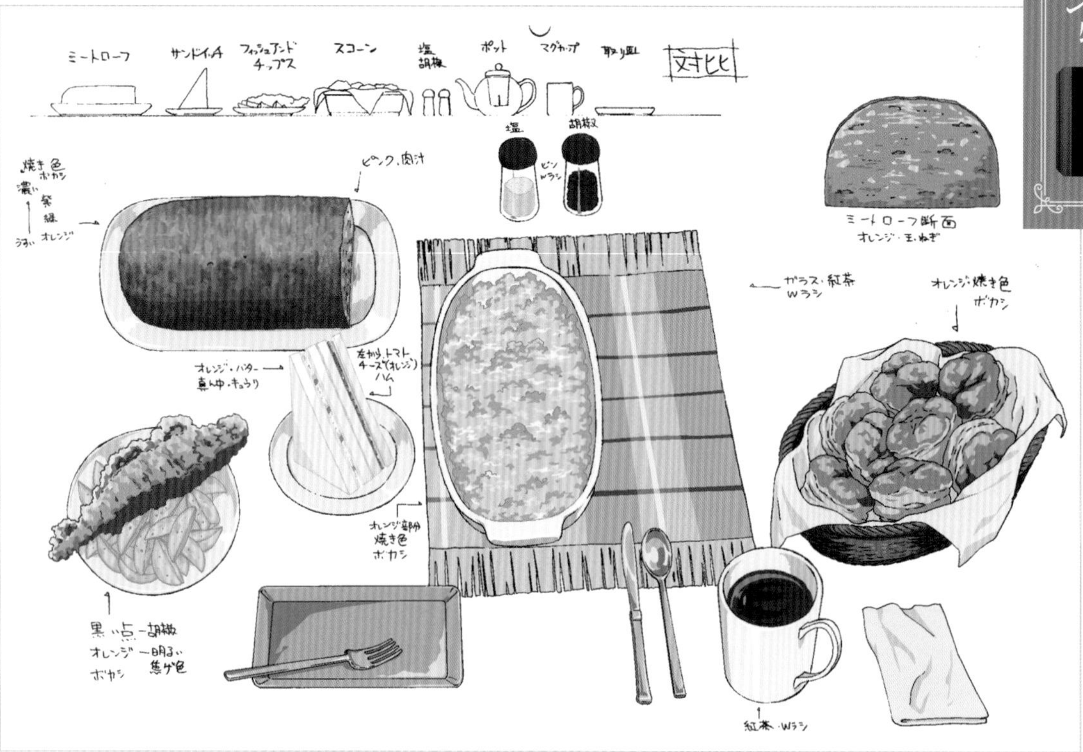

エリアス邸の料理

SEASON1 第1話に登場した料理たち。ミートローフにサンドイッチ、ミートパイやフィッシュ＆チップス、そして紅茶とスコーンと、定番のイギリス料理がずらりと並ぶ。やってきたばかりのチセを歓迎するシルキーの気持ちが表れている。

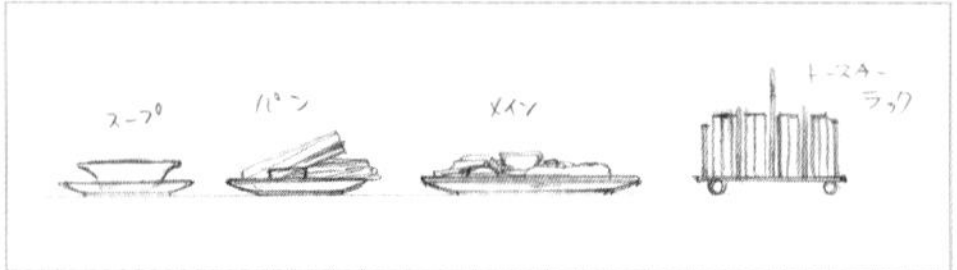

シルキーの仕事場ともいえる、エリアス邸のキッチンの美術ボード。チセ、エリアス、ルツは中央にあるテーブルを囲み、日々、彼女が作った料理を堪能している。

エリアス邸の朝食

SEASON1 第2話に登場した朝食メニューは、ベーコンや目玉焼き、ソーセージやベイクドビーンズ（煮豆）が一皿に乗った、スタンダードなイングリッシュブレックファスト。人参とコリアンダーのスープとトーストが添えられている。

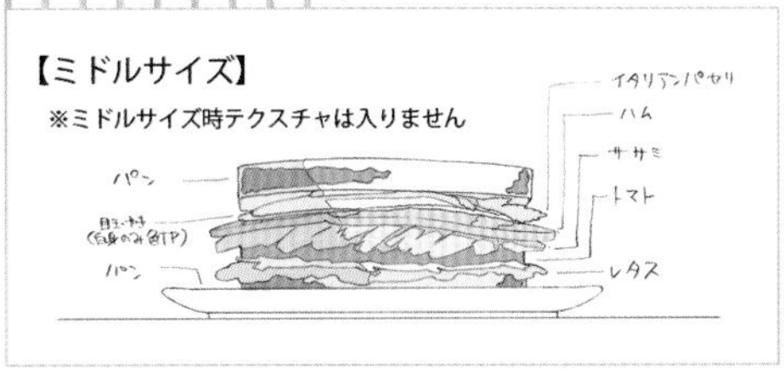

クリスマスプディング

ドライフルーツをたっぷり使った濃厚なクリスマスプディングは、イギリスのクリスマスには欠かせないスイーツ。作ってから1週間～1ヵ月熟成させたのちに食べるもので、シルキーはSEASON1第6話でチセの回復を願って作っていた。

シルキー特製サンドイッチ

SEASON1第2話でシルキーがチセのために作った、卵やハム、野菜もたっぷり挟まった具だくさんのサンドイッチ。第10話でチセが竜（ドラゴン）の国へ向かう際にも、お弁当として同様のものを持たせていた。

ティーセット

「紅茶の国」と言われるほど、イギリスは紅茶消費量の多い国。エリアス邸でもシルキーが紅茶を淹れる光景がよく見られる。砂時計でしっかりと抽出時間を計ることと、カップもよく温めることがおいしい紅茶を淹れるコツ。

エリアス邸の朝食セット

OAD『魔法使いの嫁 星待つひと（前篇）』でシルキーが用意した朝食は、パンケーキと、チキンとトマトのオーブン焼き、グリーンピースのスープにサラダというメニュー。パンケーキにはベーコンを乗せ、さらにゴールデンシロップをかけて食べる。

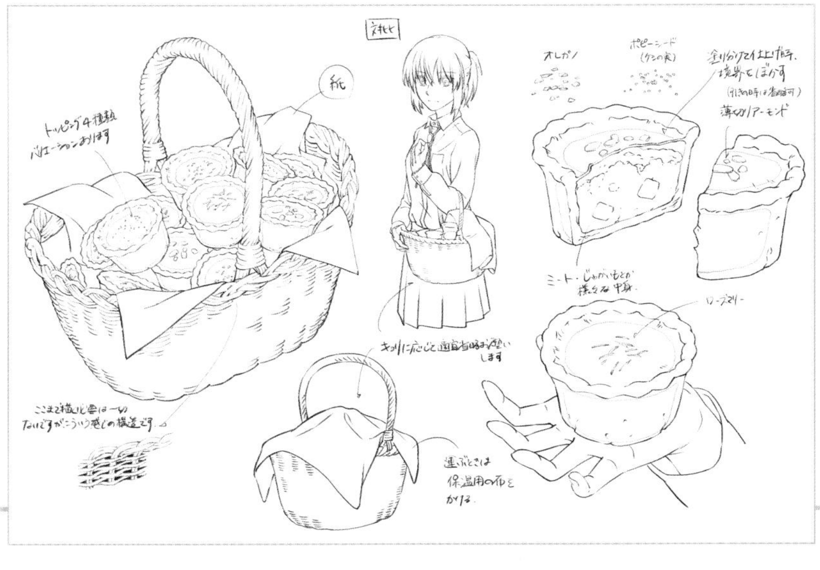

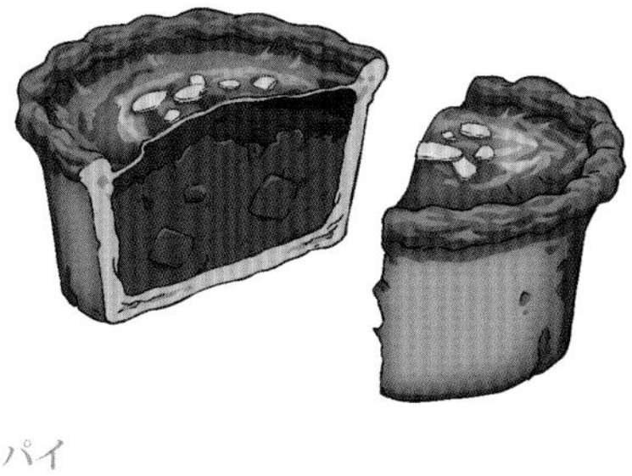

パイ

OAD『魔法使いの嫁 西の少年と青嵐の騎士（中篇）』で、馬の主を探しに行くチセたちにシルキーが持たせた、手のひらサイズのパイ。ミートやジャガイモなどさまざまな具材が入っており、トッピングもオレガノやローズマリーなど4種類ある。

COLUMN ④

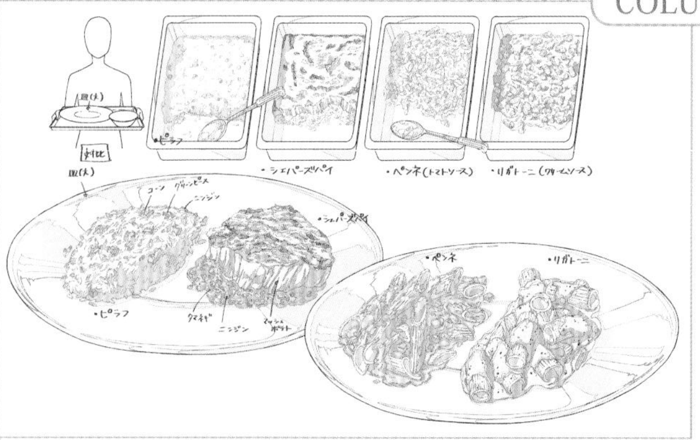

学院《カレッジ》の食堂メニュー

英国食文化に大満足！まほよめごはん②

主食

SEASON2 から登場した学院の食堂には、バイキング形式でさまざまな料理が並んでいる。主食となるメニューだけを見ても、チセが食べたピラフのほかにも、シェパーズパイ、クランペット（イギリスの伝統的な軽食パン）、ジャガイモ料理などがある。

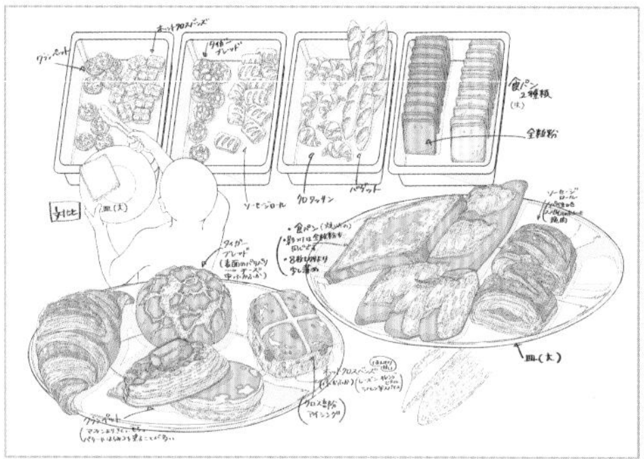

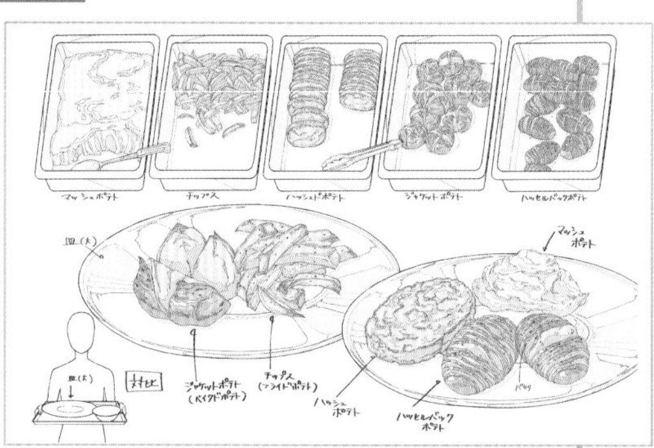

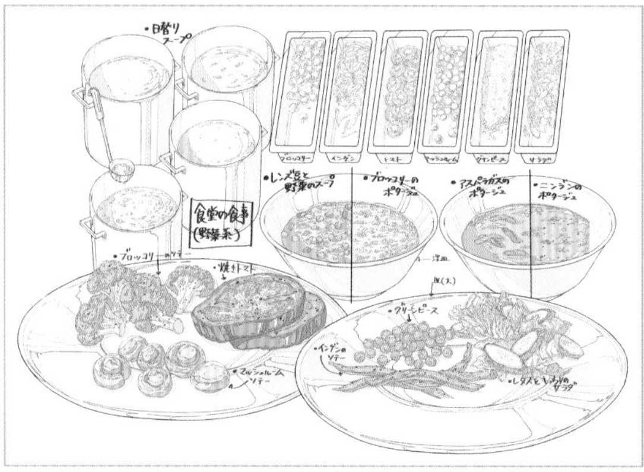

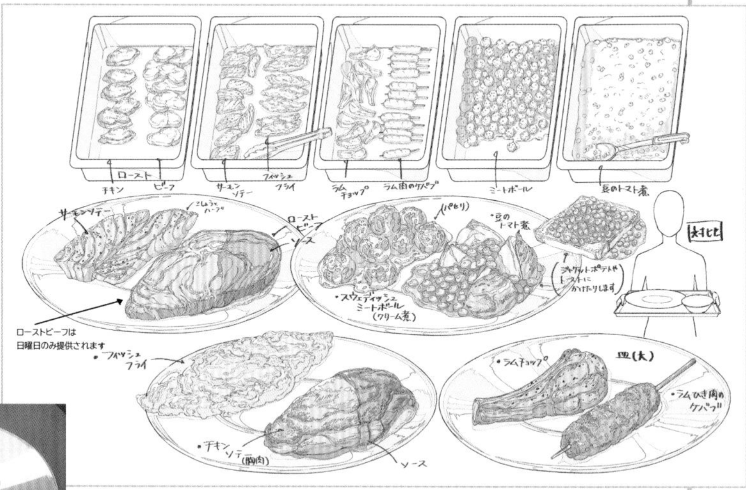

ローストビーフは日曜日のみ提供されます

メイン料理と付け合わせ

メイン料理はサーモンソテーやフィッシュフライなどの魚料理も、ローストビーフやスウェディッシュミートボールといった肉料理もあり、好きなものを選べるのがうれしい。さらにサラダやスープ、チーズや卵料理などのサイドメニューも豊富。

デザート

バナナやオレンジなどのフルーツ類に加え、スクールディナーケーキも用意。スクールディナーケーキとは、イギリスの学校給食で出ていたケーキで、スポンジケーキをアイシングとトッピングシュガーでデコレーションしたものだ。

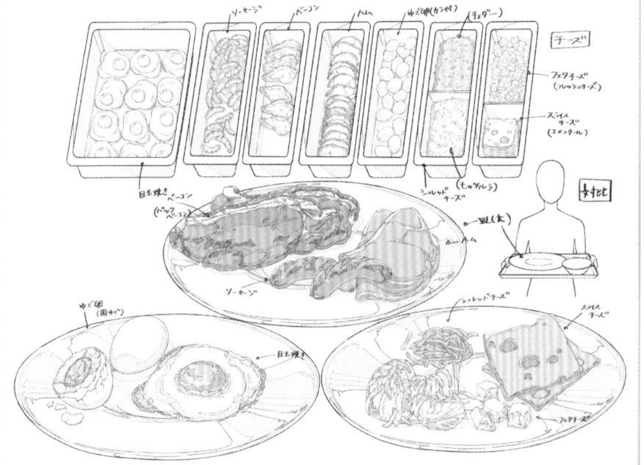

CHAPTER IV

STORY SEASON 2

#1 Live and let live. Ⅱ

脚本／高羽彩　コンテ・演出／寺澤和晃　作画監督／徳岡紘平、渚美帆、渡部由紀子

学びたいんです それがいつか来ることの私や誰かの 助けになるかもしれないから

エリアスとチセのもとにアドルフ・ストラウドがやってきた。彼は魔術師を育成する英国学院（カレッジ）の事務員で、「研究対象として学院に協力してほしい。同時に学院の聴講生として歓迎する」とチセを勧誘する。魔法や魔術の知識が少ないため、トラブルに遭うたび自分の身を危険にさらして乗り越えてきたチセ。小中学生時代にいじめられたことで学校に対する恐怖感はあるものの、もっと学びたいという思いから、彼女は学院への入学を決意。チセを守るため、エリアスも学院の臨時講師に着任する。

初めて訪れた学院は、すべての施設が地下にあるにもかかわらず、まるで地上で過ごしているかのような錯覚を覚える不思議な場所だった。救護室でアレクサンドラ・ヒースの診察を受けたのち、学院寮に案内されるチセ。そこでルームメイトとなるルーシー・ウェブスターと出会うが、ルーシーは「友達などいらない」と、とげとげしい態度で接してくるのだった。

Column of Chise

魔法使いと魔術師

魔法使いとは、人ならぬものの力を借りて奇跡を起こす者。魔術師は、自分の魔力のみで超常現象を生み出す者。学院は魔術師のために人が造ったものだが、そこでチセは、そしてエリアスは何を得るのだろうか。

Secret Story　第2話で初めてフィロメラとお話するシーンは、のちのポプリの約束にも繋がる大事なシーンだったと思います。ついついお節介しすぎてしまって途中で我に返る感じがチセらしいですね。このシーンに限らず、私、フィロメラと接するときのチセがかっこよくて好きなんです。〝ヒロイン〟ではなく〝主人公〟だなって。本当にたくましくなられて……と感慨深かったです。（種﨑敦美）

#2 Birds of a feather flock together. I

脚本／米内山陽子　コンテ・演出／えんどうてつや　作画監督／寺尾洋之、前田義宏、中村佑美子

君たちは魔術師の卵た
魔法が使えずとも
支障なんてない

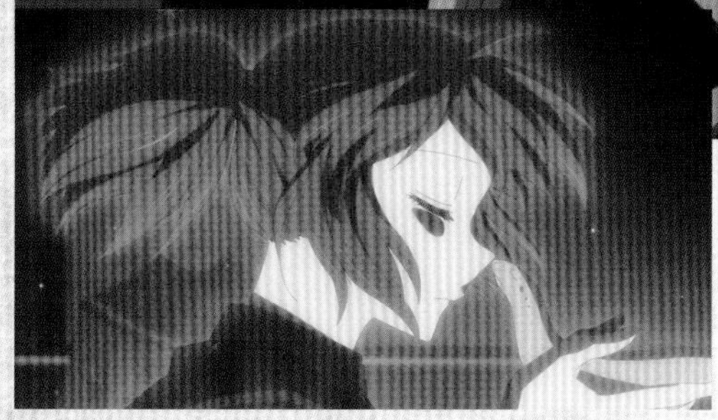

学院にはチセの先輩としてアリスの姿もあった。初めての授業がある日の朝、チセは彼女に呼び出されて鍛錬場に行くが、途中、中庭で突然倒れた女子生徒を介抱することに。緊張で貧血を起こしたという彼女に、チセはリラックス効果のあるハーブティーとポプリを手渡した。

その後、アリスと会ったチセは、彼女が魔術師にもかかわらずウィル・オー・ウィスプと契約していたことを知った。二人は一緒にエリアスの魔法の授業を受けることになり、エリアスの指示で、魔法実技のお手本を披露。ほかの生徒たちも彼女たちに倣って初めての魔法に挑戦するが、失敗する生徒も少なくない。なかには妖精とトラブルを起こす生徒もいて、エリアスの初授業は騒然としたまま幕を閉じたのだった。

授業終了後、チセは魔法が使えなかったクラスメイトの一人、リアン・スクリム＝ジョーから声をかけられる。彼はチセに「魔法を教えてほしい」と言うのだった。

Column of Elias

エリアスの初授業

エリアスは余計な面倒を避けるため、かつて競売場を訪れたときにも変身していた小柄な銀髪女性の外見で学院での初授業に臨んだ。だが授業中、妖精が放った魔法から生徒を守ろうとして、結局いつもの姿になった。

Secret Story　この第2話では時間をかけてリアンの芝居の基盤を固めていきました。「それだと元気すぎる」「そこまでやると冷たく聞こえます」と繊細にディレクションいただいたのが印象に残っています。「魔法使い 俺に魔法を教えてくれないだろうか」というセリフは、魔法への興味や好奇心は出しつつも前のめりで迫るわけではない、微妙なバランスが難しかったです。（山下誠一郎）

#3 Birds of a feather flock together. Ⅱ

脚本／西中千晶　コンテ・演出／森田亜郎　作画監督／渚美帆、渡部由紀子

Column of Elias

内臓が抱く新感覚

内臓を持たない骨だけの身体のはずなのに、「学院にいると、中身をさすりたくなってくる。新感覚かも」と言うエリアス。さまざまな人間と接することで、彼も少しずつ人間の感情がわかってきたのかもしれない。

実はリアンは、魔法使いの研究をしているトーリー・イニスの弟子だった。トーリーの役に立ちたい、喜んでほしいという思いから、リアンは魔法を使えるようになりたいと思い、チセに声をかけたのだ。

リアンに案内され、食堂でクラスメイトたちと夕食をとることになったチセとエリアス。だがルーシーは、一人離れた席で食事をしている。そして名家出身のヴェロニカ・リッケンバッカーと、彼女に付き従うアトウッド兄妹やフィロメラ・サージェントも別グループだった。チセはそこで初めて、中庭で助けた女子生徒がフィロメラという名前だと知る。

週末、自宅に帰ってきたエリアスとチセは、学院生活の疲れを癒やしつつ畑仕事に精を出す。そこにステラが遊びに来て、チセは一緒に家に帰ることにするが、森に差しかかったところで周囲一面に濃い霧が発生。気がついたときには、チセはステラとはぐれ、知らない場所に立っていた……。

今はやりたいことを
見つけたから
大変だけど
楽しいです

#4 The cowl does not make the monk.

脚本／高羽彩　コンテ・演出／越田知明　作画監督／工藤利春、山本無以

私は笑うことすら
教えられなかった
教師のなり損ないなんだよ

突然、チセの前に現れたのは、魔法使いのラハブだった。彼女は、かつて自分がエリアスに贈ったループタイを持つチセに興味を抱き、自分の暮らす〝どこでもない場所〟にチセを呼んだのだ。そこで彼女は、チセにエリアスの過去を語り聞かせる――かつてエリアスは、人間というものが理解できず、疲れ果ててラハブを訪ねたことがあった。そして、ラハブの行動を真似することで学ぼうとしたのだ、と。そんな彼に感情までは教えられなかったと自嘲するラハブ。だが、チセはそんな彼女に「エリアスと私を助けてくれてありがとう」と感謝の言葉を伝えるのだった。

一方エリアスは、訪ねてきたアンジェリカに「なぜチセはいつも自分を犠牲にするのか不思議だった」と打ち明けていた。アンジェリカはそんな彼に温かな眼差しを送っていた。

ラハブやアンジェリカ、シルキーと穏やかな休日を過ごしたチセたちは〝裏道〟を通って再び学院へ向かう――。

Column of Chise

人は気づかない“裏道”

エリアスとチセは〝裏道〟を通って学院に戻ろうとする。そこは〝猟犬〟が巣くう危険な空間だったが、代償として肉を渡したことで、ごく一部だけの通行が許可される。代償が支払えなかったときはどうなるのだろうか……。

#5 First impressions are the most lasting.

脚本／米内山陽子　コンテ・演出／平川哲生　作画監督／渚美帆、井嶋けい子、前田義弘、塩川貴史

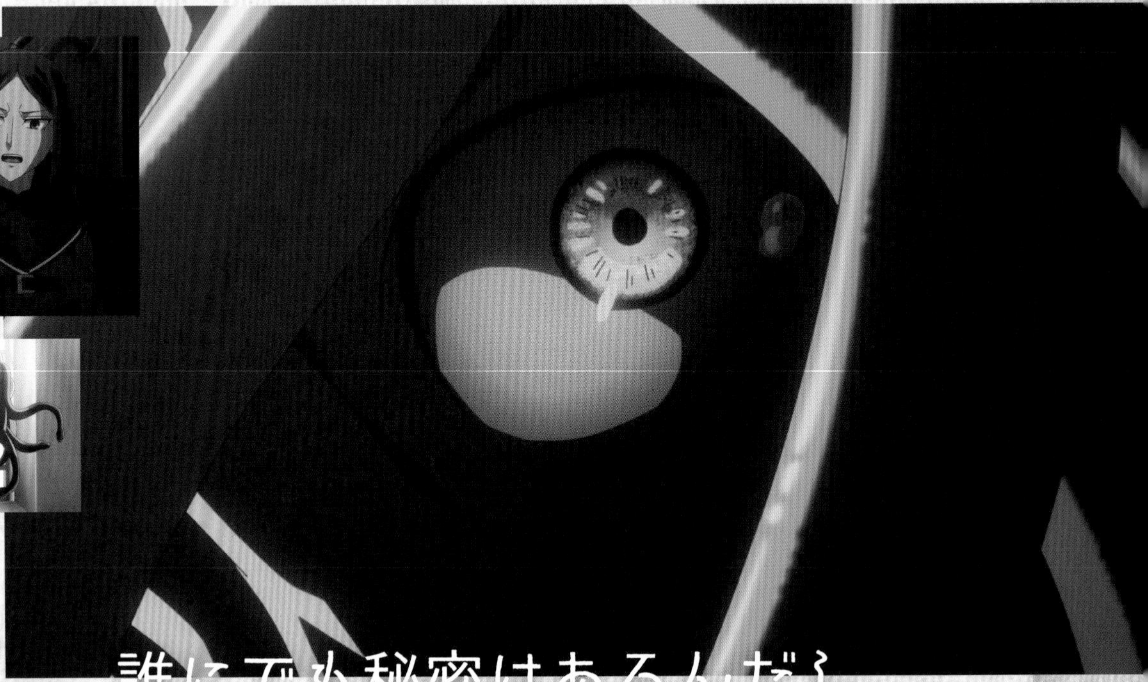

誰にでも秘密はあるんだし秘密があっても仲良くできる

ルームメイトとして一緒に過ごすうちに徐々にルーシーの面倒見のよさを理解し始めたチセ。だが、クラスメイトのゾーイ・アイビーからは、なぜかずっと避けられ続けていた。ゾーイのチセに対する態度を見かねたルーシーは、彼が身につけるイヤーマフを奪い取ってしまった。するとゾーイの髪の毛が蛇になって……？

逃げ出したゾーイを追いかけるチセ、ルーシー、リアン、そしてクラスメイトのアイザック・ファウラー。実はゾーイは蛇髪族（ゴルゴーン）と人間の間に生まれた子で、敏感な聴覚をイヤーマフで抑えないと人間の姿を保てないという悩みを抱えていた。チセを避けていたのも、彼女から漂う竜（ドラゴン）の気配を感知していたためだ。理由を知ってわだかまりをなくしたチセたちだったが、その話をフィロメラが盗み聞きしていた。それを知ったリアンは、互いに秘密を漏らさないよう六人で契約の術を結ぶことを提案する。

Column of Chise

「書紡ぎ蜘蛛《ウェブスター》の悲劇」

チセは、クラスメイトのジャスミン・セント＝ジョージとの会話から、ルーシーの家にまつわる「書紡ぎ蜘蛛の悲劇」と呼ばれる出来事を知る。しかし、誰に聞いても詳しくは教えてくれないのだった……。

#6 Better bend than break.

脚本／米内山陽子　コンテ／えんどうてつや　演出／玉川陽莉　作画監督／渡部由紀子、渚美帆、高野ゆかり、西原沙紀、室山祥子、井嶋けい子、福田裕樹

師匠のレンフレッドを心から慕い、いつかは師匠を守れる存在になりたいと思っているアリス。しかし、レンフレッドには娘のような存在としか思われていない。エリアスとレンフレッドの会話を聞いてそれを知ったアリスは、大きなショックを受ける。

自宅に戻っていたチセのところに、突然アリスが泊まりに来た。チセと一緒のベッドで、レンフレッドへの思いや不満を口にするアリス。彼女に聞かれるまま、チセは自分とエリアスとの関係性を改めて思い返していた。

アリスが寝付いたあと、チセは部屋を抜け出してエリアスと語り合う。「私はあなたの側にいるのが嬉しいし、あなたが私を手放せないと思ってくれるのが嬉しい」と。

そしてアリスも、学院に戻ってレンフレッドに思いを告げる。「あの時あんたがあたしを選んだんだ、だから次はあたしがあんたを選ぶ番だ」。そんなアリスを、レンフレッドは相変わらず子ども扱いするのだった。

Column of College

学院の禁書保管室

学院のさらに地下にあると思われる禁書保管室には、人間に害をもたらすさまざまな禁書が厳重に保管されている。

また眠ってなかったんですか？

#7 Slow and sure. I

脚本／高羽彩　コンテ・演出／越田知明　作画監督／工藤利春、渡部由紀子、キム・ヨン、渚美帆、西原沙紀、佐々木綾、中村佑美子、佐藤誠之

そんなこと
ないよ

チセのクラスメイトであるリアンとフィロメラはまたいとこ同士の幼馴染。彼の記憶にある小さい頃のフィロメラは、明るく活発で木登りが得意だった。だが今のフィロメラは、その頃とはすっかり人が変わってしまっていた。主家筋にあたるヴェロニカがもっとチセと関わるよう背中を押しても、彼女は拒んでいるようで……？

そんなフィロメラはある日、祖母のリズベスに呼び出されて実家へ帰省。彼女が家に着くなり、リズベスは厳しい言葉で彼女を罵倒する。うつむくフィロメラに対してリズベスは〝贈り物〟と称してある命令を下すのだった。

一方その頃チセたちは、開催が間近に迫る「ブッシュクラフト」の話題で盛り上がっていた。ブッシュクラフトとは、どんな環境でも生き残る可能性を広げられるよう、できることを増やす目的で行われているキャンプ実習のこと。チセたち中等部１年生はスコットランドの自然の中で３日間を共に過ごすことになる。

Column of Adolf

アドルフの強み

学院の事務員・アドルフは魔力がなく、魔法使いになれずに挫折した過去がある。だが、姿を隠しているエリアスを見つけられるし、レンフレッドの酒癖の悪さも知っている。本人いわく〝視力〟はそこそこいいらしい。

#8 Slow and sure. Ⅱ

脚本／西中千晶　コンテ・演出／森邦宏　作画監督／豆塚あす香、宮西多麻子、耳浦朋彰

こわさなきゃ　こわいものは
こわさなきゃ

ブッシュクラフトでスコットランドにやってきたチセたち。テントを張り、薪で料理を作って、魔術や魔法を使わずに自然の中で生き残るスキルを磨いていく。いつもと違う環境で過ごすうちにクラスメイト同士の距離も近くなり、チセとルーシーもぽつぽつと語り合えるくらいには親しくなっていた。だが、実はブッシュクラフトに参加していたのはチセたち生徒だけではない。チセを心配するエリアスも、自分の半分だけを彼女に帯同させていたのだ。

大きなトラブルもなく時は過ぎ、明日は学院に戻るという日の夜、チセは不穏な気配を感じて目を覚ました。見ると、隣で寝ているはずのルーシーがいない。チセが探しに出ると、彼女は魔力を完全に失って倒れていた。いったい何が……？

さらにそこに人馬型の化け物・海妖馬（ナックラヴィー）が襲ってくる。エリアスから「海妖馬は真水が苦手」と聞いて、チセは湖におびき寄せて逃れようとするが……。

Column of Chise

自分の中にいる誰か

海妖馬に湖の中に引き込まれたときに、チセの頭の中に響いてきた声。自分の声のはずなのに、自分ではないものの声。チセは声に従って海妖馬を惨殺してしまう。それは今までのチセなら絶対に選ばない選択肢だった……。

#9 Conscience does make cowards of us all. I

脚本／高羽彩　コンテ／えんどうてつや　演出／森田亜郎　作画監督／渚美帆、山本無以、井嶋けい子、佐々木綾、高野ゆかり、佐藤誠之、金榮

——その本なら前に読んだことがあります

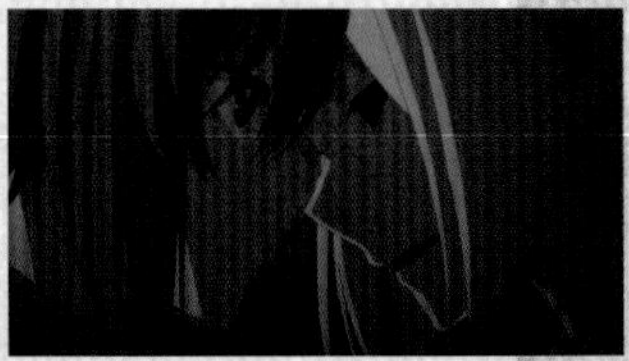

ブッシュクラフトで倒れたルーシーは、学院に戻ってきても目を覚まさなかった。チセは彼女に付き添いつつ、自分の中から聞こえた声が何だったのか、ずっと考えていた。そこにルーシーの兄だという人物がやってくる。なんと彼は、チセに闇の競売会に出ることを勧めたセスだった。一時的に目を覚ましたルーシーはセスを拒絶するが、セスはしばらく妹に付き添うという。

その頃学院では重大な問題が起こっていた。厳重に保管していたはずの禁書「カルナマゴスの遺言」の写本が紛失していたのだ。以前に読んだことがあるエリアスによれば、その本には他者から魔力を奪う方法や、死者を蘇らせる方法が書かれているという。

学院が警戒するなか、講師のシメオン・パラディールが何者かに襲われ、ルーシーと同様に魔力を奪われてしまった。一連の事件には、やはり禁書「カルナマゴスの遺言」が関係しているのだろうか……。

Column of Elias

禁書「カルナマゴスの遺言」の写本

学院で厳重に保管されていた「カルナマゴスの遺言」の写本。しかしエリアスは以前、こっそり盗み読んでいた。どこで読んだかについては、嘘は言っていないが、すべてを話しているわけでもない。これも魔法使いの知恵か。

#10 Conscience does make cowards of us all. Ⅱ

脚本／西中千晶　コンテ／保田光希　演出／高橋幸雄　作画監督／田中穣、志水よし子、阿形大輔、川森昇、RadPlus、studioEverGreen、リバイバル、tripleA、阿比留隆彦、渚美帆

ルーシーが目を覚まして一安心のチセ。ところが突然、二体の人狼がルーシーとセスを襲撃してきた。襲撃者の姿を見たルーシーは、彼らがウェブスター家を皆殺しにした連中だと気づく。襲撃から逃れるため、チセは自分の中から湧き上がる声に従って、ルーシーとセスを〝裏道〟へと引っ張り込んだ。追ってきた人狼たちは、裏道の〝猟犬〟の猛攻にさらされることに。だが、その惨劇を見かねたチセは〝猟犬〟と交渉して、人狼のうちの一体の命を助けるのだった。

なぜこんなことになったのか、セスはチセに過去を語り始めた。蜘蛛を操るウェブスター家の長男に生まれたものの、素質に恵まれなかったセス。妹のルーシーが跡取りとなり、彼は両親から放逐されてしまった。その後すぐ一族が惨殺される「書紡ぎ蜘蛛の悲劇」が起こったため、ルーシーは彼がその黒幕だと疑っていたのだ。ただ、なぜウェブスター家が狙われたのかはセスにもわからなかった……。

Column of Elias

禁書の中に潜む〝何か〟

エリアスは偶然人狼の襲撃に居合わせたマリエルに、続出する事件の原因調査を依頼。マリエルがシメオンの中を探って目にしたものは、「カルナマゴスの遺言」と、その中に潜む巨大な目と触手でできた〝何か〟だった。

そのヒトの分の
通行料も払う
今回だけていい
だから見逃してほしい

#11 A small leak will sink a great ship. I

脚本／米内山陽子　コンテ・演出／越田知明　作画監督／工藤利春、KIM YOUNG、田中沙希、本城恵一朗、西原沙紀、山本無以、辻村幸輝、阿比留隆彦、井上修一

　ルーシーとシメオンが魔力を失った原因は、禁書「カルナマゴスの遺言」にあった。チセは、二人を救おうとするエリアスの態度に驚きつつ、協力したいと申し出る。だが、彼女の身を心配するエリアスに拒否されてしまった。

　救護室をあとにしたチセは、フィロメラから声をかけられる。「もらった匂い袋、香りが薄くなって」と言う彼女に、チセは袋の中身を詰め替えながら「今度一緒に作ってみる？」と約束を交わした。

「カルナマゴスの遺言」にまつわる騒ぎに対応するため、エリアスとチセは自宅に戻らず、しばらく学院に泊まり込むことに。シルキーにそのことを告げたチセは、〝裏道〟の〝猟犬〟たちに人狼を助けた際の〝代償〟を渡しにいく。代償となる生贄の肉を手配し、チセに同行したセントールのヘーゼルは、彼女の無鉄砲さをたしなめつつ、助言を与えるのだった。

　さまざまな人の思いが学院内で交錯するなか、季節はハロウィンに――。

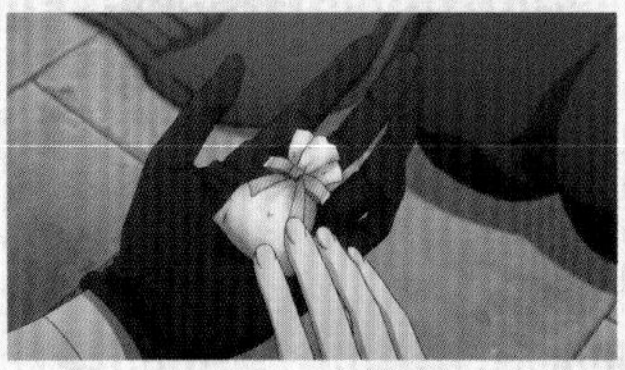

Column of Lucy & Zoe

学院に芽生える春？

ルーシーの見舞いに訪れたゾーイは、彼女に頼まれて髪の蛇を触らせてあげることに。蛇を優しく撫でるルーシーを見て、彼は顔を赤らめる。そんな二人のやり取りを、セスは隣のベッドから温かく見守っていた。

君に無茶されたら
困るんだよ

#12 A small leak will sink a great ship. II

脚本／米内山陽子　コンテ／平川哲生　演出／高田恭輔　作画監督／工藤利春、井嶋けい子、山本無以、阿比留隆彦、佐藤誠之、西原沙紀、渡部由紀子、辻村幸輝、井上修一、渚美帆

今から学院《カレッジ》は封鎖されます

体調が優れないルーシーの代理で、廃棄塔でのアルバイトにやってきたチセたち。そこにはフィロメラもいた。彼女らは、ファビオ・ザッケローニという男に案内され廃棄塔に入っていく。怪しい言動を繰り返すザッケローニに、警戒心を強めるチセ。実は彼は引率の教師ではなく、塔に監禁されている魔術師だった。そこに本来の引率教師が現れ、仕事は終了となった。

一方、ハロウィンの空気に包まれる学院内では、いつもは気丈なルーシーが仮装のシーツに身を隠して涙を流していた。セスはそんなルーシーに、兄を求めて泣いていた幼い頃と同じだと感じる。改めて、ルーシーを身代わりにして家を捨てたことを詫びたセス。その真心に触れ、ルーシーの態度も少し和らぐのだった。

そんな中、リズベスがフィロメラを退学させるため、学長のライザ・クウィラインのもとに直接使い鳥を送り込んできていた。リズベスに対抗すべく、ライザがとった非常手段とは。

Column of Alice

師匠と弟子

下級生からお化けの仮装を借りて、再びレンフレッドに「子供扱いするな」と言いにいったアリス。またもやレンフレッドに相手にされず悔しがるアリスを、ウィル・オー・ウィスプは「上等、上等」と慰める。

Secret Story お兄ちゃんの前で涙を見せるルーシーの姿に、普段は突っ張っている彼女の女の子な一面が見られたと思いました。ただ、このときはシーツをかぶっていたから泣けたけど、二人が兄妹らしくなるのはまだ先になりそうですね。特にお金を工面してもらうことに関しては、未だにルーシー的には嫌なんじゃないかな。その辺り、ルーシーは意地っ張りそうですから（笑）。（津田美波）

#13 Nothing venture, nothing have. I

脚本／高羽彩　コンテ／平川哲生　演出／森田亜郎　作画監督／徳岡紘平、渚美帆、山本無以、イ・ソンジン、工藤利春、本城恵一朗、西原沙紀、小泉寛之

どう生き残るか考えろ そして絶対にためらうな

続発する事件を調査するため、ライザは学院を物理的、魔術的に封鎖。これにより、フィロメラの退学は先延ばしになった。リズベスの使いとして学院を訪れていた人造精霊アルキュオネも学院内に閉じ込められてしまい、そのまま学院内でフィロメラの世話をすることに。

学院が封鎖されたことで、授業の内容も変わった。ザッケローニが臨時講師となり、魔術を使わず武器と体術で使い魔を倒すという特別授業が行われる。その目的は相手を倒すことではなく、どんな状況でも生き残ること。だがチセは、戦った経験などないにもかかわらず、ためらいなく動き使い魔を倒した自分にショックを受ける。

フィロメラもそれなりの短時間で使い魔を倒すが、気分が悪くなり座り込んでしまう。チセが背負って救護室に運ぼうとするが、フィロメラは「大丈夫」と言い張り、救護室に行くことを頑なに拒否するのだった。

Column of Elias

「友達」の基準

シメオンの見舞いに訪れたエリアス。「いい友達ができた」というシメオンに、エリアスは「友達とはそんな簡単になれるのか」と驚く。シメオンの基準でいえば、エリアスにもすでに友達と呼べる人物が何人かいた。

Secret Story　アイザックがフィロメラにかける「誰かにだめって言われたの？　だけど僕はすごいと思うんだけどな」というセリフは、「慰めよう」という感情ではなく、本心をそのままサラッと言うことを意識しました。スタッフの方からの OK が出た直後、フィロメラ役の河瀬茉希さんが「アイザック優しい！　心が救われる！」って言ってくれてうれしかったです（笑）。（西山宏太朗）

#14 Nothing venture, nothing have. Ⅱ

脚本／高羽彩　コンテ・演出／越田知明　作画監督／阿比留隆彦、井嶋けい子、田中沙希、西原沙紀、佐々木綾、渚美帆、ふたふさ、小泉寛之、LEE EUN-YOUNG

フィロメラの自由にしていいんだ

体調を崩したフィロメラを、寮の彼女の部屋まで送ったチセとルーシー。そこでチセたちは、フィロメラが何かを壊すことが苦手なこと、そして人からもらった水や食べ物を口にできないことを知る。彼女が過酷な環境の中で生きてきたことの片鱗を垣間見、彼女を心配するチセ。片やルーシーは、「書紡ぎ蜘蛛の悲劇」にフィロメラが関わっているのではと考えていた。だがフィロメラの様子を見て、彼女には無理だろうとも感じていた。

チセたちと別れたフィロメラは、自分の状況に限界を覚えていた。今まではすべてを諦めリズベスに従っていたが、学院に来てチセたちと触れあったことで彼女の中には変化が芽生えていたのだ。そんなフィロメラを、リズベスはアルキュオネに託した伝言でさらに追い詰める……。

一方、魔女のマリエルはライザから正式に依頼されて、同じカヴンに所属する魔女のイサクと共に紛失した禁書の行方を追っていた──。

Column of Rian

フィロメラへの思い

ことあるごとにフィロメラに突っかかるリアン。アイザックから「フィロメラが好きなの？」と聞かれるが彼は否定し、「自己評価を間違えてる奴を見ると腹が立つだけだ」と説明する。その本心ははたして……？

#15 Needs must when the devil drives. I

脚本／米内山陽子　コンテ／金澤洪充　演出／左藤洋二　作画監督／渚美帆、耳浦朋彰、藤岡三徳

マリエルとイサクの調査により、禁書はまだ学院内にあると判明。その証拠なのか、魔力不足からようやく回復したシメオンと入れ替わるように、体調を崩す生徒が続出する。

警戒を強めるライザたちの一方で、学院封鎖で暇を持て余したチセたち生徒は、魔術の練習に使うパズルゲームに興じていた。その場にちょうど通りかかったフィロメラは、ヴェロニカに促されパズルでリアンと勝負することになる。幼い頃にもこうしてリアンと勝負したことを思い出すフィロメラ。同時に脳裏をかすめるリズベスからの厳しい仕打ち――恐怖に思わず手を止めたフィロメラは、勝負に負けてしまう。手を抜かれたと感じたリアンは激昂し彼女に強く感情をぶつける。そこにアイザックが仲裁に入り、リアンのフィロメラに対する態度をたしなめるのだった。

その頃、ルーシーたちを襲った人狼は、リズベスにかけられた呪いの影響に苦しんでいた……。

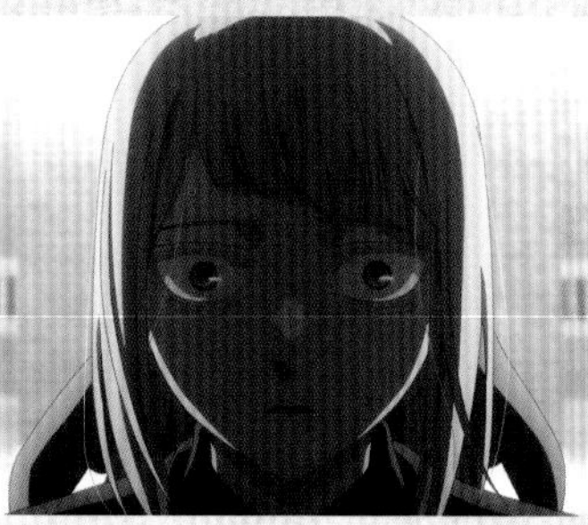

――なんで手加減した
俺はこういうのが
とことん苦手なんだ
……お前が俺より
早くできないわけないだろ！

Column of Chise&Elias

久しぶりの二人の時間

すべての施設が地中にありながら、魔術で地上世界を模している学院。太陽の光が差すだけでなく、時には雨が降ることもある。学院の庭に降り注ぐ雨を眺めながら、チセとエリアスは久しぶりにゆっくりと語り合う。

Secret Story アイザックと喧嘩したリアンに対して、ゾーイくんがオドオドしながらも自分から意見を伝えていたのが印象的でした。引っ込み思案なところがある彼ですが、それは特殊な生い立ちゆえに自信がないからであって、人との関わりを拒絶しているわけではないんだと改めて感じられて。学院で友達と過ごしたことによる成長を垣間見られたシーンでしたね。（小林大紀）

#16 Needs must when the devil drives. Ⅱ

脚本／髙橋明峰　コンテ・演出／守泰佑　作画監督／工藤利春、井嶋けい子、渚美帆、西原沙紀、LEE EUN-YOUNG、LEE SUNG-JIN、JO KANG

あなたはどうしてあの子と関わろうとするのかしら？

チセから日本の風習を聞き、肝試しを企画したヴァイオレット・セント＝ジョージ。夜、生徒同士でペアになって学院内７箇所の怪談スポットを巡るというルールで、チセのクラスメイト全員が参加することに。ヴェロニカとペアを組んだチセは校舎内を巡りながら、彼女にフィロメラのことについて尋ねてみる。ヴェロニカは自分とフィロメラの昔話を語ると、逆に魔法使いであるチセがなぜ彼女に関わろうとするのかと問い返すのだった。

一方、アイザックとフィロメラのペアも、歩きながら静かに語りあっていた。チセがフィロメラの中に昔の自分を見たように、アイザックもまたフィロメラの生きてきた境遇に親近感を覚えていたのだ。

そしてリアンは、ヴァイオレットからもパズルゲームのときの態度を責められていた。反省したリアンはフィロメラに謝ろうと決意する。さまざまな思いと共に校舎を巡り終えたチセたちは、最後に映画鑑賞をして肝試しを閉幕させた。

Column of Jasmine

肝試し大会のオチ

体調不良のため救護室で寝込んでいたはずなのに、肝試しに参加したジャスミン。実はその正体はゴーストが化けたものだった。ヴァイオレットとチセ以外の参加者はそれを知って肝を冷やす。肝試しは大成功だった。

#17 Gather ye rosebuds while ye may.

脚本／西中千晶　コンテ／頂真司　演出／色部美穂　作画監督／阿比留隆彦、山本無以、田中沙希、小泉寛之、LEE EUN-YOUNG、LEE SUNG-JIN、JO KANG

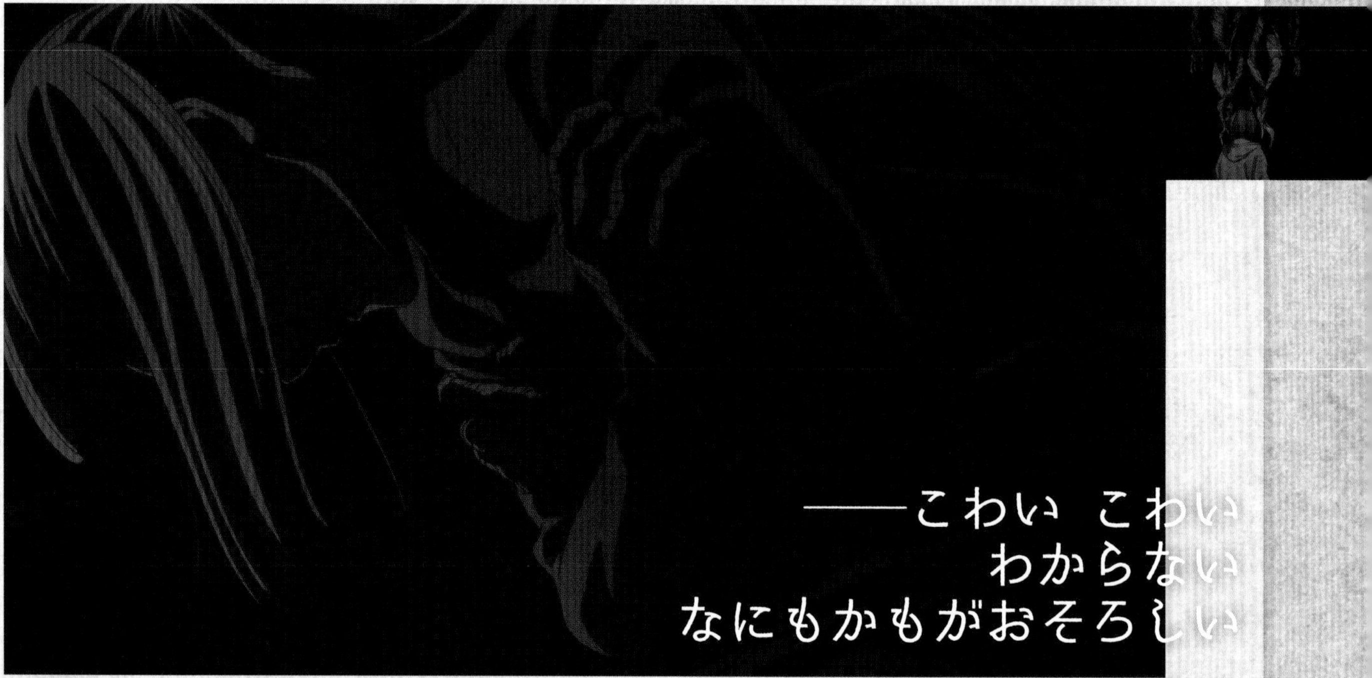

アレクサンドラからの要請で、続出する体調不良者への魔力供給をするチセ。患者は禁書につながれた状態のため、家に帰すこともままならない。そんなとき、患者の一人がチセに襲いかかった。魔力を大量に吸われて崩れ落ちるチセ。だが、そのとたん、今まで寝込んでいたはずの患者たちが次々と回復し起き上がったのだ。

エリアスは、禁書が一度に大量の魔力を吸収したことで、回線が破裂したのではないかと予想。さらに彼は、禁書を隠し持つ者が、それを扱いきれなくなった可能性があると指摘する。この事態に、ライザは事件の全貌を生徒に公表すると決意。だがその結果、学院内に無責任な噂話が飛び交うこととなった。

その頃、体調を崩して自室にこもっていたフィロメラのところに、ヴェロニカが見舞いにやってきていた。彼女は優しい言葉でフィロメラを気遣うが、フィロメラにはその穏やかな笑顔も恐怖の対象にしか見えなかった……。

Column of Chise

才能や技術の対価

魔力提供の報酬を支払うというアレクサンドラに、チセは遠慮するそぶりを見せる。だが、アレクサンドラは「『夜の愛し仔（スレイ・ベガ）』はあなたの才能。才能や技術にはきちんとした報酬が必要」と諭すのだった。

#18 Coming events cast their shadows before.

脚本／高羽彩　コンテ・演出／越田知明　作画監督／佐々木綾、渚美帆、工藤利春、井嶋けい子、杉山友美、山本亮友、イ・ソンジン、キム・ジンヨン、スタジオグラム、星河アニメーション、RadPlus、上海 KADU

チセは以前、ルーシーの記憶に入り込み「書紡ぎ蜘蛛の悲劇」を見てしまったことがあった。それを知ったルーシーは、再度潜ってみてほしいと依頼。チセは乞われるまま悲劇の記憶に入り、そこで見たものを彼女に伝える。現場に幼い子どもがいた、と。それを聞いたルーシーは、やり場のない怒りを抱くのだった……。

学院の封鎖はクリスマス休暇に入っても継続されることに。チセは「茨」の意味を持つスリサズのルーンのお守りを作り、友人たちにプレゼント。フィロメラにもアルキュオネを通して言付けた。

だが、それを受け取ったフィロメラはお守りを飲み込んでしまった。さらに「もっとほしい」と呟きながら、アルキュオネの体に手を突き入れる。体内から取り出されたのは１冊の本。「カルナマゴスの遺言」の写本を所持していたのはフィロメラだったのだ。禁書の影響で異形の姿となった彼女は、クリスマスパーティーが行われる会場へと乗り込んでいく——。

Column of Chise

魔術の呪い、チセの呪い

アレクサンドラの診察で、呪いに変化がないことを確認したチセ。魔術の呪いは、人の強い感情がもたらすもの。チセの受けた呪いは、絶対的な存在から「このようにあれ」と命令されたようなもので、まったく違うらしい。

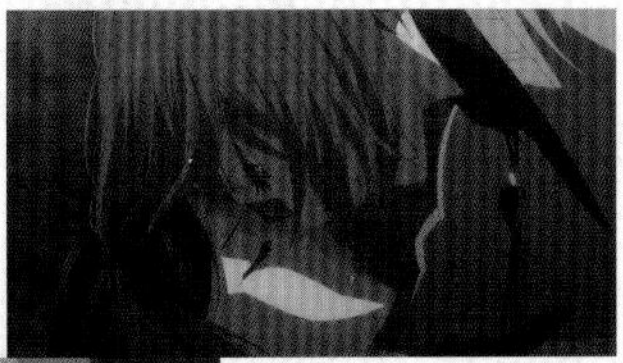

学長　どうかわたしを学院《カレッジ》の
そとへだしてくれませんか

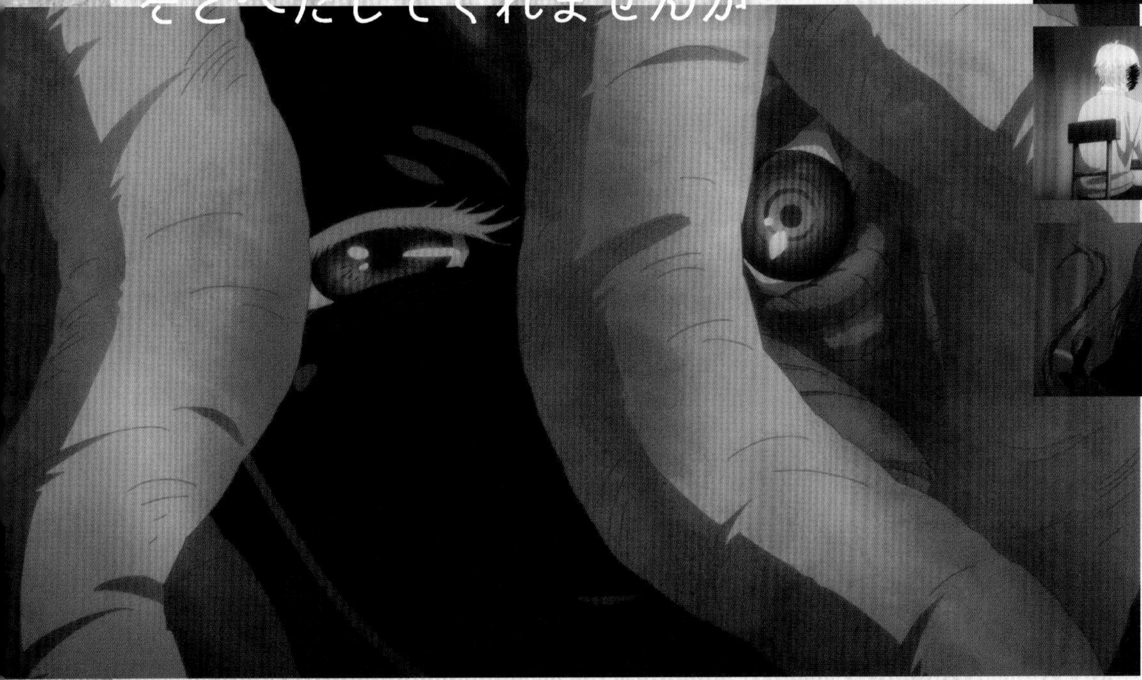

#19 Man's extremity is God's opportunity.

脚本／米内山陽子　コンテ・演出／森田亜郎　作画監督／阿比留隆彦、山本無以、田中沙希、小泉寛之、渚美帆、吉田徹、LEE EUN-YOUNG、JO KANG、Animore（葛歓）、スタジオエル、RadPlus、スタジオグラム

いいんじゃない？
たまには大人の
言うことに
反抗したってさ

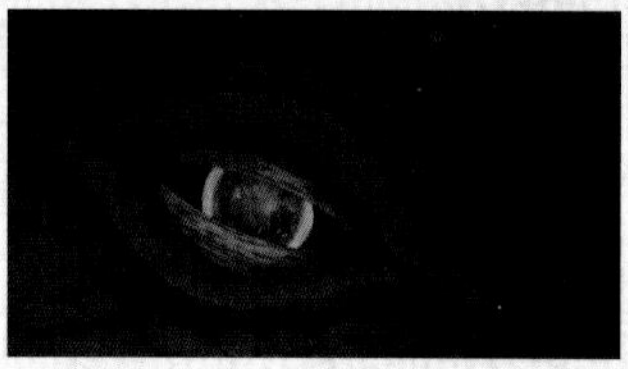

死者を蘇らせるため、禁書を使って魔力を集めていたというフィロメラ。彼女はライザに、学院を開くよう迫る。ライザは学院の封鎖を解除しつつも副学長のグレゴリーにフィロメラを捕えさせようとするが、そこにルーシーたちを襲った人狼が登場。混乱のなかでアルキュオネが負傷し、フィロメラも禁書とともに姿をくらましてしまった。

チセはすぐに後を追おうとするが、ライザに止められる。そこに助け船を出したのはエリアスだった。「君はあれと何か契約をした？」と問われ、チセは彼女とポプリを一緒に作る約束をしたことを思い出す。

魔法使いは契約に従って行動しなければならない。その理に則り、ライザの制止を振り切って行くことにしたチセとエリアス。さらに、ルーシー、アイザック、ゾーイ、そしてザッケローニも同行すると申し出た。チセは地脈をたどる赤い竜に変身すると、その影の中に潜り込んだエリアスたちとともにフィロメラを追う――！

Column of Chise

学長の判断

ライザは禁書の影響で身体が崩壊しかけたフィロメラを見捨てる判断を下した。その対応を責めるチセに対して、「私はこの学院の責任者だ。生徒たち、教師たちの健康と安全を優先しなければならない」と言い切った。

#20 Even a worm will turn.

脚本／髙橋明峰　コンテ／頂真司　演出／玉川陽莉　作画監督／奥山鈴奈、駿、杉山友美、工藤利春、LEE EUN-YOUNG、LEE SUNG-JIN、杭州神在動画（覃启若、周俊杰）、星河アニメーション

まだ 死にたく
なかったな

フィロメラの両親・アダムとイリスは、元はサージェント家の嫡男と魔術の実験台の奴隷という関係だった。だが、二人はリズベスのもとから脱走。逃亡生活の中でフィロメラを生み、その世話役としてアルキュオネを作った。だが、彼ら家族の穏やかな時間はそう長くは続かず、リズベスからの追っ手に襲われイリスは死亡。アダムも自死を選択したため、フィロメラとアルキュオネはリズベスのもとに連れてこられることに──。禁書の影響で身体が崩壊するフィロメラを見ながら、アルキュオネは自らの使命を思い返すのだった……。

一方チセたちはサージェント家の広大な庭に到着していた。その前に現れたのは、冬と戦いの女神モリガン。チセを「巫（かんなぎ）」と呼ぶ彼女は戦いに手を貸そうと申し出、圧倒的な力でサージェント家の私兵を次々に倒していく。

さらにチセたちが先へ進もうとすると、あの人狼が襲いかかってきて……？

Column of Chise

冬と戦いの女神モリガン

チセが願ったことではあるが、モリガンのあまりに容赦のない戦いぶりに心を痛める。だが、すべての命をすくい上げることなどできない。チセは「私に人と羊の区別はついてるんだろうか」と自問する。

Secret Story イリスは必ずしも「アダムとの子どもが欲しい」と思ってはいなかったんですよね。彼との関係性の中でたまたま子を授かったという形なので、フィロメラが生まれたときにイリスは複雑な表情をしているんです。でも、フィロメラを愛しく感じる気持ちもあり、彼女に救われてもいて……。そんなイリスの複雑な思いを回想の中で描けたのが個人的にお気に入りです。（寺澤和晃）

#21 A burnt child dreads the fire.

脚本／西中千晶　コンテ／頂真司　演出／越田知明　作画監督／阿比留隆彦、山本無以、C-Station（渡邉亜彩美、佐々木睦美）、Animore（葛歓）、MKソウル（LEE EUN-YOUNG、LEE SUNG-JIN）

そんなにわたしを責めるのなら——教えてよ!!

蛇髪族の力を使って人狼と対決するゾーイ。人狼にかけられた呪いを発見した彼は、まるで別人のような状態になってその呪いを破壊。リズベスの支配から人狼を解き放った。

その頃、屋敷にたどり着いたチセたちはアルキュオネに出迎えられていた。フィロメラのいる執務室まで連れてこられたチセたちだったが、そこに飾られたウェブスター家の蜘蛛の姿を見たルーシーは、どういうことなのかとフィロメラを詰問。混乱のあまり暴走してしまったフィロメラを見たチセは、彼女の過去と向き合うべく、記憶の中に入り込んでいった。

フィロメラの精神世界に取り込まれたチセたちは幼い姿となっていた。さまざまな場所を巡り、バラバラになったフィロメラの記憶の欠片を一つずつ取り戻していく。なぜ助けてくれるのかと尋ねるフィロメラに、チセは「あなたを助けることで、あの頃の私も助けたいんだと思う」と語る。そして「叫んでほしいんだ、どうにかなりたいなら」と伝えるのだった。

Column of Lucy

ルーシーの怒り

フィロメラの精神世界では、チセたちも自身のつらい思い出を見せつけられた。アイザックは一人膝を抱えて泣いていたが、ルーシーは昔のことを嘆いて泣くよりきちんと怒りたいと言う。実に彼女らしい選択だ。

#22 Give a thief enough rope and he'll hang himself.

脚本／高羽彩　コンテ／頂真司　演出／山本陽介、森田亜郎、寺澤和晃　作画監督／工藤利春、井嶋けい子、田中沙希、駿、EVAKOI、杉山友美、西原沙紀、豆塚あす香、藤岡三徳、LEE EUN-YOUNG、LEE SUNG-JIN、杭州神在動画、星河アニメーション

　フィロメラはチセたちに助けを求めようとするが、そのとき、彼女の耳元には不安を煽る声が響く――。彼女は精神世界から吐き出されたチセたちを残してリズベスのもとへと向かうのだった……。

　一方、エリアスと対峙していたアルキュオネは、リズベスにかけられた呪いをエリアスに解かれ、本来の「フィロメラを守る」という役目を思い出すことができた。

　そして同じ頃、リズベスは地下で儀式の用意をしていた。アダムを生んだのも、一族内での自分の評価を落とさないため。息子や孫も、リズベスにとってはただの所有物でしかない。だからこそ、望まぬ形でできた孫のフィロメラを贄にして、優れた我が子のアダムを取り戻そうとしたのだ。

　魔法陣にフィロメラが横たえられ、ついに儀式が始まった。禁書の中に巣くっていた異邦の神が現れる。そこに乗り込んできたチセたち。彼女たちに自分の望みを問われたことによって、フィロメラはやっと自分が何かを望んでいいのだと、自ら助けを求めて手を伸ばしていいのだとわかった。彼女を救うため、チセの魔法が炸裂する。

Column of Chise

アイザックの鍵

鍛治師の家に生まれたアイザック。彼の持つ鍵は、手にした者が念じる形に変化する。ブッシュクラフトではリアンに貸していたが、今回はチセに貸し出され、フィロメラを閉じ込めた魔法陣の檻を破壊する鍵に変化した。

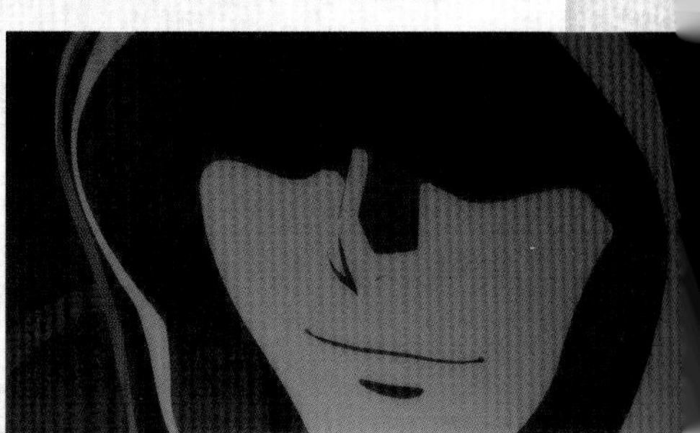

――たすけて！

Secret Story アルキュオネさんは、バックボーンは違えどエリアスと似たところがあるひとだと思うので親近感を感じていました。だから、エリアスさんが呪いを解除して彼女の手助けをできたことがうれしかったですね。そのシーンから、彼女がフィロメラさんに自分の記憶を渡すまでの一連は本当に切なくて、収録中はとにかく竹内の感情がとっ散らかっていました。（竹内良太）

#23 Of two evils choose the less.

脚本／米内山陽子　コンテ／村田和也　演出／渚美帆　作画監督／徳岡紘平、阿比留隆彦、辻村幸輝、寺尾洋之、本城恵一朗、山本無以、井嶋けい子、工藤利春、田中沙希、渚美帆、杭州神在動画（覃启若、周俊杰、欧文莹侠、叶昌）、MK ソウル（LEE EUN-YOUNG、LEE SUNG-JIN）、Animore（葛歓）、星河アニメーション

　フィロメラをかばい、リズベスと対峙するチセたち。そのとき、正気を取り戻した人狼が飛び込んできて、リズベスに襲いかかる。あえなく返り討ちにされそうになった人狼をかばって触手に貫かれたのは、意外なことにアルキュオネだった。瀕死のアルキュオネは、自分が記録してきたアダムとイリス、幼いフィロメラの思い出を彼女に返し消滅した。

　実はアルキュオネには、アダムによる呪いが仕込まれていた。悪意をもってアルキュオネを破壊した相手に報復するというもので、呪いはアダムそっくりの姿になってリズベスに迫る。

　だがリズベスは、禁書ごと異邦の神に取り込まれてしまった。女神モリガンやルツも参戦して対抗するが、最終的には人間が禁書を使って異邦の神を送り返さなければならない。それを知ったフィロメラは「きっと私まだ魔術書の『使用者』として認められてる。だから……私ならあの本を取り返しにいけるかも」と言い出した。

Column of Lucy

「書紡ぎ蜘蛛《ウェブスター》の悲劇」の黒幕

人狼によると、「書紡ぎ蜘蛛の悲劇」の裏には『カルナマゴスの遺言』が関わっているらしい。彼女が殺しの命令を受ける前、リズベスが一族の男に本を渡していたというのだ。新たな事実に、ルーシーは衝撃を受ける。

Secret Story フィロメラが苦しむシーンではずっと〝涙は出さないけど苦しくて言葉も出ない〟というバランスを気にしながらやっていました。でも、アルキュオネとのお別れのとき、そんな彼女が涙を流していて。あのシーンは〝これまで泣くことも許されなかった彼女が、あまりに突然の出来事に事実を受け止めきれない涙〟ということを表現できたらと思いながら演じています。（河瀬茉希）

#24 The show must go on. I

脚本／高羽彩　コンテ／寺澤和晃　演出／寺澤和晃、森田亜郎　作画監督／徳岡紘平、阿比留隆彦、杉山友美、山本無以、井嶋けい子、西原沙紀、佐々木綾、田中沙希、中村佑美子、小泉寛之、川崎愛香、山本由美子、工藤利春、渚美帆、EVAKOI、杭州神在動画（覃启若、欧文莹俠）、MKソウル（LEE EUN-YOUNG、LEE SUNG-JIN）、Animore（葛歓）

私は………　——ポプリを作りたい………あなたと

チセが女神モリガンに指示した一撃で、禁書がフィロメラの手元に戻ってきた。その力を使い、異邦の神を元の世界に戻そうとするフィロメラ。同時に彼女は精神世界で祖母リズベスと対峙し、「出来損ない」という呪いの言葉をはねのけて、異邦の神を退けることに成功。だが禁書は人狼の子どもに奪われてしまった……。

戦いが終わったあと、みんなはエリアス邸でクリスマス休暇を過ごすことに。チセは女神モリガンにヤドリギの枝を捧げるという約束を果たすべく、雪の丘を訪れた。枝を受け取ったモリガンの体は崩れ落ち、春の気配を宿す少女の姿に生まれ変わった。その後、学院に残っていたリアンとトーリーも合流し、チセはフィロメラと一緒にポプリを作ることができたのだった。

こうして一応の決着を見せた「カルナマゴスの遺言」の写本とサージェント家をめぐる問題。だがその他方では、リンデルの身に何かが起きていたようで……？

Column of Veronica

最後に禁書を手にした者

人狼の子は、なぜ禁書を奪っていったのか？実は、禁書を持ち帰るよう命令した者がいた。その正体はヴェロニカ。これまでリズベスが誰かの指示を受けているような描写があったが、真の黒幕はヴェロニカなのか？

SEASON2 MUSIC COLLECTION

SEASON2 第1クールOP

「Dear」

歌：JUNNA　作詞：岩里祐穂　作曲・編曲：白戸佑輔

JUNNAが歌う第1クールOPは疾走感と躍動感にあふれた一曲。高い歌唱力で紡がれる楽曲に合わせて、各キャラクターの関係性やバックボーンを匂わせる意味深なOP映像が展開され、観た人を「学院篇」の世界へと引き込んでいく。コンテ・演出は村田和也が担当。

SEASON2 第1クールED

「無伴奏」

歌：edda　作詞：岩里祐穂　作曲・編曲：白戸佑輔

第1クールED曲は、eddaの澄んだ歌声と神秘的なメロディラインが重なった「無伴奏」。コンテ・演出の寺澤和晃監督は、「学院篇」のキーパーソンであるルーシー、フィロメラ、チセの魅力を表現することに注力したそう。美麗な絵でルーシーの意志の強さとフィロメラの儚さが描かれている。

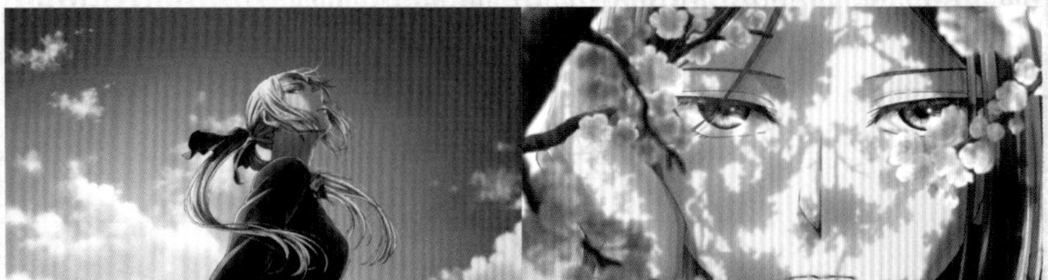

MEMORIAL INSERT SONGS

第22話挿入歌

「クワイエットクワイア」

歌：山本晃　作詞：岩里祐穂　作曲・編曲：椿山日南子

儚くも力強い歌声が印象的な「クワイエットクワイア」は、魔法陣に囚われたフィロメラが助けを求めるシーンで用いられた。サビに向かって徐々に盛り上がる曲調が、絶望の淵から手を伸ばしたフィロメラの心情ともリンクするようだ。

第24話挿入歌

「holiday」

歌・作詞：井上苑子　作曲・編曲：白戸佑輔

戦いを終えたチセやフィロメラたちが、エリアス邸で一緒にポプリを作るシーンで流れた挿入歌。ベルの音色が印象的な冬らしい楽曲で、温もりあふれる歌声は作中のチセたちが見せる穏やかで楽しげな表情とよくマッチしている。

SEASON2 第2クールOP

「眠らされたリネージュ」

歌：JUNNA　作詞・作曲：石川智晶　編曲：白戸佑輔

展開が激しいスリリングかつドラマチックなメロディをパワフルに歌い上げた第2クールOP曲。映像は五十嵐祐貴がコンテを、寺澤監督が演出を担当し、作中のさまざまな要素が比喩的に入れ込まれた演劇チックな世界観を表現。ラストは学院の教室に戻るが、第24話では窓の外に生徒たちの姿が追加された。

SEASON2 第2クールED

「fam」

歌・作詞：遊遊　作曲：毛蟹（LIVE LAB.）
編曲：毛蟹（LIVE LAB.）・Iruma Rioka（LIVE LAB.）

コンテ・演出を森田亜郎が務めた第2クールEDは、チセやクラスメイトたちが学院から外に出て、穏やかな時間を過ごす光景を描いたもの。物語本編はヘビーな展開が続いていたが、柔らかで、それでいて力強い歌声が印象的な楽曲が優しく締めくくっていた。

COLUMN ⑤

舞台に並ぶ書き割り

OP映像は禁書を開くエリアスの手からスタート。幕が上がると舞台上手からチセが現れる。壇上に設置された書き割りは、左から、フィロメラの両親と幼き日の彼女、ゾーイ、アルキュオネ、ヴェロニカとフィロメラ、リアン、アイザック、ルーシー、人狼を暗示している。

SEASON2 第2クールOP イメージボード

まるで一本の演劇を見ているかのような濃密さが注目を集めたSEASON2 第2クールOP。各カットに込められた比喩や演出意図を、コンテを手がけた五十嵐祐貴によるイメージボードと共に解説する。

子どもたちに手を差し伸べるチセ

鳥かごに囚われたフィロメラにポプリを差し出し、彼女を解放するチセ。その後も、倒れた書き割りの中で一人たたずむルーシー、ゆりかごのような卵の殻の中で眠るゾーイ、鍛冶屋の工房で悲しみに暮れうずくまるアイザック、重厚な貴族の城でパズルを片手に下を向くリアンに、次々に手を差し伸べていく。

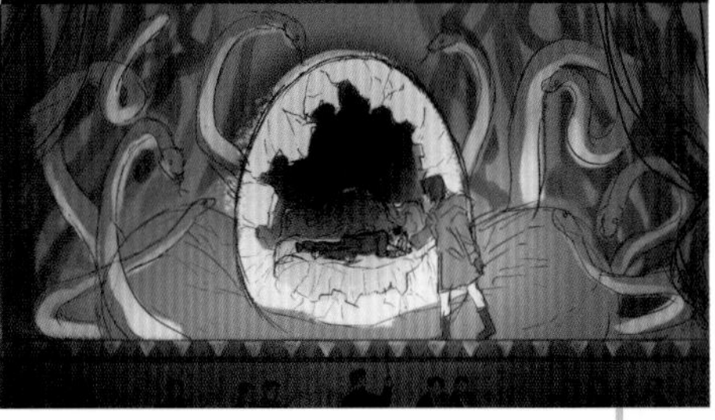

学び舎での幸せな風景

ルネサンス期の画家・ラファエロの代表作である『アテネの学堂』をモチーフにしたカット。禁書にまつわるキャラクターは手に本を持っている。学院の生徒や教師たちが楽しそうに談笑しているが、そんな光景にリズベスが舞台上手からじっと視線を送っている。

敵が現れ物語は振り出しへ……？

学び舎での穏やかな風景を引き裂くように人狼が登場。さらに禁書の怪物も現れ、ルーシーたちに襲い掛かる。攻撃を受けた彼女たちは再び書き割りになり、舞台も最初の状態に後戻り。悔しがるチセだったが、再び決意を燃やし、怪物に立ち向かっていく——！

CHAPTER V

CAST INTERVIEW

Cast Interview

友達として考えるとチセがどんな子か見えてくる

Atsumi Tanezaki　羽鳥チセ役

種崎敦美

エリアスとのシーンはもっとやりたかった

――種崎さんは『魔法使いの嫁』という作品の魅力はどんなところにあると思いますか?

種崎　ファンタジーでありながら、しっかり現実味も感じられるところでしょうか。原作の第1話に「厚いベールの裏 無粋なセメントの壁の向こう」という文章がありましたけど、世界観の一つひとつが本当に細かく描写されていて、そのベールや壁の向こう側にはこんな世界があるのだなと思えるんです。原作者のヤマザキコレ先生がそういう世界の話にあかるく、イングランドなどへ実際に足を踏み入れて体感もしていらっしゃるからこそ作品からあの没入感が得られるのかなと感じます。

――種崎さんが考えるチセの魅力を教えてください。

種崎　魅力……ですか。うーん、改めて考えると、チセってどんな子なんだろう……。SEASON1から少しずつ変化していく様子が丁寧に描かれていたから、振り返ろうと思うとすごく難しいですね。演じたキャラクターのことをこんなに話せないものかと、自分で自分に少し驚いています……(苦笑)。それくらいチセって精神的にも物理的にもいろいろなものを内包している、とても一言では語りきれない子なのかなと感じました。ただ、やっぱり懐が深い子ではあるのかなと思います。つらい生い立ちがあって、自ら命を終わらせようとした瞬間もありましたけど、芯がしっかりしているからこそ今があるのかな、と。「大人しそう」みたいに言われることもありますけど、私としては大人しいと思ったことは一度もないです。めっちゃアクティブな子だと思っています。

――学院での生活でもチセの変化は見られたと思いますが、特に種崎さんが彼女の変化を感じたのはどんなところですか?

種崎　以前の彼女だったら踏み出さなかったであろう部分にも自然と踏み出していたり、自ら踏み込んでいったりしていて。それはSEASON1のときにいろいろな人に救ってもらった経験があるからなんだと思います。友達と普通に会話しているのもなんだか不思議な感じがしましたけど、つらい生い立ちゆえに見えなくなっていただけで、もともとそういう一面は持っていたのかもしれませんね。あと、周りのみんなもそれぞれ抱えているものがあって、チセだけが特別じゃないというのも大きかったのかな。一緒に勉強をしたり、作ったお守りをみんなに遠慮がちに渡したり、笑ったり怒ったり戸惑ったり、学院では年相応な、でもチセらしい姿をたくさん見られてうれしかったです。

――チセを演じる立場として、「学院篇」でのエリアスの変化についてはどうご覧になっていましたか?

種崎　チセが言っていたように、前だったら考えられなかった提案をしてくれたり、チセとは違う誰かと過

My Favorite Scene

映像の演出、音楽、芝居の力が結集した第22話

SEASON2第22話で「私には誰もいない」というフィロメラのもとに駆けつけたチセたちに、フィロメラが自分の望みを伝えてくれるシーンが忘れられません。「たすけて」を伝えてくれるフィロメラ。そこからの、「魔法使い」ならではの方法で、魔法で、リズベスに立ち向かうチセ。アニメーションも演出も音楽もお芝居も全部が合わさってものすごいシーンになっていました。全人類の方々に『まほよめ』を観てほしいと思いました！

ごしていたりと、見たことない面をたくさん見られた気がします。今までのエリアスなら「こうするのがいいと習ったから、こういう行動をしよう」としていたようなことも、「チセはきっとこう思うだろうからこうしよう」と考えて行動するようになっていたり。そんな言動が見られたときにはチセと一緒になって感動していました。

　その少しずつ、でも確実な変化に比例するように二人の間に流れる空気もどんどん自然になっているというか、明確に描かれてなくても醸される空気が、間が、語らずとも相手がわかる夫婦感というか。エリアスといるとやっぱり落ち着くので、（エリアス役の）竹内（良太）さんと二人だけで掛け合いをする瞬間はすごく心安らぐ時間で。物語とリンクするなと思いながらやっていました。その意味ではエリアスとのシーンはもっとたくさんやりたかったです。でもそのぶん、多くを語らずとも通じ合っている二人のやりとりがＳＥＡＳＯＮ２はたくさんで、なかでも「僕らはなんだ?」というエリアスの問いに「——魔法使い……?」と答えるシーンが大好きです。同じチセとエリアスのやりとりでも、ここは夫婦の会話ではなく、魔法使いの先生と弟子の会話というのもこの作品ならではで、たまらないです。

——ルツについてはいかがですか?

種﨑　ルツは使い魔ですけどもう自分（チセ）の分身みたいなものなので、その印象はＳＥＡＳＯＮ１のときから変わらないです。ただ、やっぱり学院では本当にいろんなことが起こるのでルツがいてくれる安心感は大きかったです。

より複雑さを増したアニメの感情表現

——チセを演じる際に意識していることを教えてください。スタッフの方からのディレクションで印象に残っていることは?

種﨑　どの役を演じるときもそうなのですが、特にチセみたいなキャラクターのときは心を柔らかくしておきたいと思っていて。あまり事前に固めすぎず、ほかのキャストの方から受け取るお芝居を「自分の中に入れて返す」ようにしたいと思っていました。というか、意識せずとも勝手にそうなっていた気がします。

　ディレクションは、先ほど「エリアスといると落ち着く」なんて言いましたけど、エリアスと二人きりの会話のシーンは第6話の屋根の上で会話するシーン以外、ほぼ「もうちょっとリラックスしてていいです」と言われていた気がします（笑）。ＳＥＡＳＯＮ２ではエリアスと二人きりの会話もたまにしかなかった上に、ＳＥＡＳＯＮ１の頃の「エリアスと一緒にいるときはこんな感じ」というのが自分の中にあまりに染みついていて、毎回最初のテストではその頃に体が戻ってしまって。もちろん本番ではすぐ直るんですけどね（笑）。

——『魔法使いの嫁』はキャラクター同士の距離感や心の機微が繊細に描かれているぶん、お芝居にも微妙な違いを求められるんですね。

種﨑　実際にオンエアを観ると、キャラクターそれぞれの表情に一つの感情だけじゃなくいろいろな感情が込められていて。そりゃお芝居のほうもより繊細なものを求められるわけだよと思いました。改めて、アニメーターさんってすごいなと感じました。絵に負けないお芝居をしていけるよう私ももっと精進します……！

——もしご自身が学院の生徒だったとして、チセと距離を縮めようと思ったらどんなアクションをとりますか?

種﨑　「あなたと仲よくなりたいから友達になって」とはっきり伝えます。私はチセみたいな子がいたら気になると思うので、きっと自分からグイグイ近づいていくだろうな、と。チセは戸惑うかもしれないですね（笑）。でも、拒否するわけではなく、「どうしたらいいかわからない」がにじみ出たような表情をしてくれそうです。

　最初にチセの魅力を聞かれたときにうまく答えられませんでしたが、友達として考えるとチセがどんな子か見えてくる気がしますね。きっと、人の悪口なんかは絶対に言わないだろうし、そもそも思いもしないんだろうな。穏やかさの中に芯の強さがあって。人間が抱えるエゴを自覚しながらも一生懸命葛藤しながら生きている。チセは人間以外のものも入っているので普通の葛藤とは違う部分もあるかもしれないですけどね。そういうところが素敵だなと思います。

——チセ以外で特にお気に入りのキャラクターは?

種﨑　アルキュオネさんが好きですけど、竹内さんも挙げていそうだな～（笑）。アニメで印象が変わったという意味では、リアンは声がついてなんか面白い奴だなと思うようになりました。あとやっぱりルーシーのさりげない気遣いがたまらないです。本当に優しい子だなと思います。

——もし種﨑さんが魔法・魔術を使ったり作中に登場した場所へ行けたりするとしたら何をしたいですか?

種﨑　ＳＥＡＳＯＮ１の第1話で、最初にエリアスが使った魔法を体験してみたいです。競売場からエリアス邸へ一気に移動していましたけど、あれってどんな感覚になるんだろう?ってずっと気になっているんですよ。魔術はなんだか怖いので手を出したくないですね。あと、チセたちが遊んでいた魔術のパズルは絶対にやりたくない！って思いました。私はパズルが苦手なので、見ただけで頭が痛くなりそうです（笑）。

——最後に、読者へメッセージを。

種﨑　ＳＥＡＳＯＮ１、ＳＥＡＳＯＮ２をご覧いただき、さらに公式コンプリートブックを買ってくださるほど『魔法使いの嫁』を好きになってくださって本当にありがとうございます。私自身とても思い入れのある作品で、それは言葉では語りきれません。でも言葉で語らずとも想いはすべてお芝居に込めてきましたので、この作品を好きでいてくださる皆さんの中に少しでもチセとして何かが残せていたなら幸いです。これから先もチセとエリアスの物語は続いていくと思います。ぜひ一緒に見守っていきましょう。

たねざき・あつみ／9月27日生まれ／大分県出身／俳協所属／主な出演作品は『SPY×FAMILY』（アーニャ・フォージャー）、『葬送のフリーレン』（フリーレン）ほか

Cast Interview

いろいろな葛藤が、「学院篇」のエリアスさんの中では渦巻いていたのかな

Ryota Takeuchi

竹内良太

エリアス・エインズワース役

言葉をかみしめながら自分に落とし込んでいく

――『魔法使いの嫁』という作品の魅力はどんなところにあると思いますか？

竹内　セリフの重みが魅力の一つだと思っています。学院に行くようになったことによるチセの成長、他者と触れ合うことで生じたエリアスさんの感情の変化などで言葉の使い方が徐々に変わってきて、一つのワードでいろいろな感情が表現されていて。そこは芝居をしていても非常にやりがいを感じるところですね。

――竹内さんが考えるエリアスの魅力を教えてください。

竹内　今の話とも繋がりますが、一つひとつの言葉をかみしめながらその意味を自分に落とし込んでいくところでしょうか。悲しみや寂しさ、怖いという感情をいろいろな表現で言語化していて、でもまだ理解できていなかったり、どう処理すればいいのか判断ができなかったり。その微妙な匙加減をお芝居で表現することは、難しくもあり楽しくもある作業です。

――竹内さんが、学院での生活を経たエリアスの変化を特に感じたのはどんなところですか？

竹内　シメオンさんとの会話の中で「友達」という言葉の意味をエリアスさんなりに咀嚼して、過去に出会った人たちのことを思い描くシーンは、学院前と考え方がガラッと変わったところだったと思います。あのシーン（シメオン役の）岩田（光央）さんのお芝居も素晴らしくて、シメオンさんの優しさや思いやりのニュアンスがものすごく伝わってきました。人間・竹内としてはそれに対して思いっきり気持ちを込めて応えたくなっていましたが（笑）、エリアスさんはまだそこまで人間らしく返すことは難しいので、あえて感情を抑えるようにして演じています。

――「学院篇」でのエリアスは、チセの友達に対する眼差しもステラのときとはまた違うものになっていましたね。

竹内　ＳＥＡＳＯＮ１ではほぼずっとチセと二人で行動していたぶん、「学院篇」ではなかなかチセと二人で会話をすることができなくなって、その環境の変化は大きかったと思います。エリアスさんも自分の知らないチセの表情や言葉を「少し『寂しい』」と表現していましたが、竹

My Favorite Scene

魔法使いとは何かを改めて問う

SEASON2 第19話でエリアスがチセに「僕らはなんだ？」と問いかけるシーンがお気に入りです。話の流れでは何気ないやり取りだったポプリの約束が実は魔法使いにとってはものすごく重要なことだったという全体の流れが美しいと思いましたし、「学院篇」でずっと魔術について掘り下げてきた中で改めて「魔法使いとはなんぞや」という問いに立ち返るのは芝居の上でも力が入りました。

内自身もなんだかチセが遠くに行ってしまったような感覚になりました。自分の知らない表情をされるのも嫌だけど、それを問い詰めてチセに嫌われたり、失望されたりするのも嫌だし……といういろいろな葛藤が、「学院篇」のエリアスさんの中では渦巻いていたのかなと思います。

——エリアスを演じる立場として、「学院篇」でのチセの変化についてはどうご覧になっていましたか？

竹内　学院に行く前のチセは自己犠牲的な考えが強かったですが、学院でいろんな経験をしたことによって我慢することも覚えましたし、「もし自分が傷ついたら相手はどう思うんだろう」と考えた上で問題を解決する道を探ることができるようにもなっていて。人間的にものすごくたくましくなったと思います。エリアスさん的にも、彼女の新しい一面は感じ取っていたんじゃないでしょうか。

一方で、学院ではこれまでと違う環境で揉まれているぶん、たまにチセとエリアスさんとだけのシーンがあるとものすごくほっこりするんですよ。（チセ役の）種﨑（敦美）さんも言っていました、「ルツやシルキーとの家族みたいなシーンがくると、ものすごくホッとする」って。それはきっとエリアスさんたちにとっても同じで、外との関わりが増えたことで二人の絆もより深まった気がします。

エリアスに変化をもたらしたアルキュオネの存在

——エリアスを演じる際に意識していることを教えてください。

竹内　SEASON1のときから、収録に臨む際はできる限り芝居を固めずに、ほかの役者さんのお芝居を受け取って出てきたものを表現しようと心がけています。エリアスさん自身は自分が受け取った感情をどう判断してどうアウトプットしていいかわからないひとですから、事前に「こういうイメージだ！」と作り込んでしまうとそれはエリアスさんの感情ではないと思うんですよね。

こう考えるようになったのは理由があって。実は最初にエリアス役のオーディションを受けたとき、僕は「エリアスはこうだ！」とガチガチに芝居を作り込んで臨んだんです。でも、現場ではその芝居ではなくて、最初に「エリアス役の竹内良太です」と、なんの気持ちも乗せずにただナチュラルに自己紹介したワードがエリアスさんのイメージにハマったらしくて。その話を聞いて「なるほど、エリアスさんはそういうことなんだな」と自分で咀嚼し、そういうふうにアプローチするようになりました。なので、SEASON2の現場では、人間味が出てしまった部分だけは（音響監督の）はた（しょう二）さんにディレクションしてもらい、あとは掛け合いの中で生まれたものを活かす形で最後まで走りきれたと思います。

——アフレコ現場の思い出を教えてください。

竹内　SEASON2ではSEASON1の頃よりも登場人物が増えたぶん、現場も賑やかでした。生徒役の方々はワチャワチャしていて本当に学生みたいでしたし、先生役の方々はストーリーの確認をしたりしていてなんだか職員室みたいな雰囲気でした(笑)。収録が始まるとグッと緊張感が走るので、そのぶん休憩中は楽しく話せる雰囲気だったのがありがたかったです。

個人的にはアルキュオネ役の木下紗華さんと一緒に収録できたことも印象的でした。木下さんは女性エリアスの声も担当されていたので、エリアスについて「どういう感情でキャラの演技をしているんですか？」と僕に相談してくださって。いろいろと会話をしながら収録できたのはいい思い出です。

——エリアス以外で特にお気に入りのキャラクターは？

竹内　アルキュオネさんが大好きですね！　ずるいですよ、竹内の感情を全部持っていきますから（笑）。原作ではアルキュオネさんが消えてしまうシーンで、エリアスは手を伸ばしているんですよね。彼の人間らしい感情が垣間見えたという意味でも、アルキュオネさんへの思い入れはすごく強くなりました。あと、チセに対して優しいだけじゃなく厳しい言葉もかけてくれるヘーゼルさんもお気に入りですし、レンフレッドとアリスもセットで好きです。エリアスとレンフレッドはSEASON1からずっと犬猿の仲みたいな関係ですけど、カルタフィルスとの戦いを経て距離は少し近づいたのかなと思います。学院内でもSEASON1の雰囲気を感じさせてくれるキャラクターなので、そういう意味でも好きですね。……って、いっぱい出てくるな（笑）。

——もしご自身が学院の先生だったとして、エリアスと距離を縮めようと思ったらどんなアクションをとりますか？

竹内　なんて難しい質問なんだ！（笑）自分の身に置き換えて考えると、エリアスとすぐに距離を縮められたシメオンさんってすごいなと改めて感じますね。ただ、やっぱり嘘偽りなく接するのが大切なんじゃないかなという気がします。下手に取り繕おうとはせずに自分の感じたことを正直に話しつつ、適度な距離感で同僚として距離を縮めていければいいかな、と。

——もし竹内さんが魔法・魔術を使ったり作中に登場した場所へ行けたりするとしたらどんなことをしたいですか？

竹内　イングランドに行って、エリアスさんの身の周りにある自然を生で見たいと思います。植物の緑も、日本とはまた色彩が違いそうですよね。エリアスさんたちが学院に行くときに使っていたような「フットバス」と呼ばれる裏道も実際にあるらしいので、チセたちの暮らしを感じながらそういうところを歩いてみたいです。

——最後に、読者へメッセージをいただけますか。

竹内　学院に行くことによって、チセもエリアスも少しずつ成長し、周りのことを考えながら行動できるようになってきました。新しいことを一つひとつ取り込んでいきながら、二人は今後も夫婦として、魔法使いの先生と弟子として、そして人間の先生と弟子として、いろいろな役を担いながら歩み続けていくと思います。「学院篇」のアニメは完結しましたが続きがありそうな終わり方でしたし、僕はエリアスさんをまた演じる機会をいただけることを期待しています。皆さんもぜひこれからも、原作やアニメはもちろん、ドラマCDや舞台などいろんなコンテンツで『魔法使いの嫁』を楽しんでいただければと思います。

たけうち・りょうた／9月22日生まれ／兵庫県出身／青二プロダクション所属／主な出演作品は『銀河英雄伝説 Die Neue These』（アーダルベルト・フォン・ファーレンハイト）、『ヴィンランド・サガ』（アスゲート）ほか

Koki Uchiyama

ルツ役

内山昂輝

Cast Interview

ルツにとってチセは一番重要な存在

ルツだけでなくチセの登場シーンにも目を配る

――内山さんが考えるルツの魅力を教えてください。

内山　ルツは犬にも人間にも姿を変えられます。そこが、アニメとしては絵的に盛り上がるので面白いです。特に犬の姿で戦うシーンがかっこいい。また、チセを思いやる気持ちも素敵だと思います。普段はクールで物静かだけど、実はいつもチセのことをチェックしているし、そもそもすべてを共有しているのでチセのことはなんでもお見通しで、何かあるたびに彼女にアドバイスを送って助けようとします。

――演じる際に意識していることや、スタッフからのディレクションで印象に残っていることは？

内山　冷静な雰囲気をベースに、人間の姿だけど犬っぽく描かれる場面などでは普段とのギャップが生まれるように少し誇張して表現するようにしていました。スタッフサイドからもそういう点を強調するよう、演出されることが多かったです。あとは、チセとすべてを共有しているという事情があるのでルツのセリフがないシーンでも、チセの登場場面は見逃さないようにチェックしていました。

――『魔法使いの嫁』という作品の魅力はどんなところにあると思いますか？

内山　チセの運命を描く物語が面白いのはもちろんですが、それだけではなく、現代日本とは異なる世界の生活を疑似体験できる面白さがあると思います。魔法や妖精とか物語の根幹に関わるものだけではなく、生活習慣や日々の食事にいたるまでとても細かく丁寧に描写されているので、作品全体が表現する世界を味わうということも楽しみ方の一つなのだと思っています。

――アフレコ現場の思い出を教えてください。

内山　SEASON1のアフレコは登場人物がごくごく少ない回もあり、そもそもメインキャストは物静かな人が多いのでしっとりとした静かな雰囲気の中で収録していた記憶があります。一方、SEASON2の「学院篇」が始まって新キャラが続々と登場し、生徒たちがみんな登場する回などはアフレコに参加するキャストが多くて「賑やかな『まほよめ』」というのがとても新鮮でした。新しい環境へ飛び込んだチセの心境はこんな感じかなと少し想像しました。

――もしご自身がルツと距離を縮めようと思ったら、どんなアクションをとりますか？

内山　ルツと距離を縮めたいならおそらく、何よりもまずチセと仲良くなるのが重要だと思います。チセに好感を持ってもらわないと何事も始まらないのではないでしょうか。だからどうにかしてチセと友好を深めて、それから後に、お近づきのしるしとして美味しいご飯か何かを差し入れたら、あっという間に仲よしになっていると思います。

――ルツはチセにどんな印象を持っていると思いますか？

内山　チセは一番重要な存在だと思います。いつでも見守っているし、すべてを共有している。僕自身は「使い魔」という立場を経験したことはないので、現実に置き換えて考えることは難しいのですが、とても深い関係性があることは間違いないでしょう。ただ、チセは目的に向かって猪突猛進するところがあるので、そこは懸念しているのではないかと思います。

――ルツ以外で特にお気に入りのキャラクターは？

内山　ヴェロニカです。SEASON2ではミステリアスな存在感で物語を盛り上げていたので、とても気になりました。

――もし内山さんが魔法・魔術を使ったり作中に登場した場所へ行けたりするとしたらどんなことをしたいですか？

内山　魔法・魔術といえるかわからないのですが、竜（ドラゴン）に乗って空を飛び回ってみたいです。風が気持ちよさそうだから。

――最後に、読者へメッセージを。

内山　僕は最初のドラマCDから参加していて、あれから長い年月が経ったことに驚いています。SEASON2からは「学院篇」に物語が突入して、新たな『まほよめ』が始まったんだなと感じました。キャラクターたちそれぞれに悩みや家の事情があり、それらが絡み合ってだんだん複雑になっていく物語や謎を読み解く面白さがあったと思います。これから先、チセたちがどうなっていくのか僕も楽しみです。

My Favorite Scene

口いっぱいに食べ物を詰め込むルツが微笑ましい

特定のシーンというわけではないのですが、家での食事シーンがいいなと思っています。チセ、エリアス、シルキーが一緒にいるよさがあるし、ルツに関して言えば、口に入りきらないくらい食べ物を詰め込むこともあって、そういうコミカルさも微笑ましいです。食事シーンが描かれるたびに、シルキーの料理はどれだけ美味しいのだろう、食べてみたいな、といつも考えています。

うちやま・こうき／8月16日生まれ／埼玉県出身／劇団ひまわり所属／主な出演作品は『呪術廻戦』（狗巻棘）、『僕のヒーローアカデミア』（死柄木弔）ほか

Aya Endo

シルキー役 遠藤綾

息の中に込められた感情を繊細に表現

――『魔法使いの嫁』という作品の魅力はどんなところにあると思いますか？

遠藤　チセ自身が自らの居場所を見つけたりする内容なのかな、なんて思っていたら、さまざまな姿形の者たちと出会って学んで死にかけて成長して味方ができて……と、想像以上に骨太な内容でした。そして、「原作の空気や匂いをそのままに！」というアニメスタッフさんたちの熱い思いを感じる作品です。

――遠藤さんが考えるシルキーの魅力を教えてください。

遠藤　人との心の距離が近くなるにつれて、最初の頃は入れていなかった息を入れたり、笑顔の息遣いの温度が上がったように感じます。お家にチセが居ることが本当にうれしいんだな、と感じる表情が増えていくのもうれしかったです。お料理にも力が入っていきました！　見た目は大人しいですが、「やるときはやるよ」みたいな態度が出ちゃうところも好きです。

――シルキーを演じる際に意識していることはありますか？　また、スタッフの方からのディレクションで印象に残っていることは？

遠藤　シルキーの「息」のところに、自分でセリフを書いてます。「おかえり」とか「これを着て」とか「たくさん作ったの」とか。小さな息の中にシルキーの強い気持ちはありますが、出すぎないようにするのが毎回難しかったです。

笑顔の息遣いの温度が上がったように感じます

――アフレコ現場の思い出を教えてください。

遠藤　基本的には静かで穏やかなスタジオでした。特に最初はキャストも少なめだったので、本当にエリアスのお家の中のような。大きなハプニングはなかったと思うのですが、アフレコの本番中の無音が無音すぎて……！　ノイズにはかなり慎重でした。でもときどきどこからかお腹の音が聞こえてきたりはしてました。たぶんチセかな（笑）。

――もしご自身がシルキーと一緒に暮らすとしたら、どんなことをしたいですか？

遠藤　動きやすい服装に着替えてもらって、外で遊びたいですね。街に出かけるのもいい。新しい食器や珍しい調味料を選んだり、遊園地で遊んだり。一緒に大声で笑い合いたいですね！

――シルキーはチセにどんな印象を持っていると思いますか？

遠藤　待ちに待った、という感じがしました。お世話が楽しくて仕方がないのが微笑ましいです。妹みたいな感じなのかな？

――シルキー以外で特にお気に入りのキャラクターは？

遠藤　家族というか、同じお家にいるキャラクター以外だとしたら、アリスかな。やんちゃな感じなのに、レンフレッドへの想いとか、心がピュアで優しいところが好きです。

――本作には、さまざまな魔法や魔術、不思議な場所や不思議な生き物が登場しますが、もし遠藤さんが魔法・魔術を使ったり作中に登場した場所へ行けたりするとしたら何をしたいですか？

遠藤　学院にも惹かれますが、エリアス邸に興味があります。宿泊してみたいです。あとは、ネヴィンと一緒に飛ぶシーンが素敵だったので、あんなふうに竜の背中に乗って飛んでみたいな、と思いました。

――最後に、読者へメッセージをいただけますか

遠藤　作品ファンのみなさん、手に取っていただきありがとうございます。色や音など細かい部分まで、世界観を大切に、でも力強く作られています。原作もアニメも両方楽しんでいただきたい作品です。これからも『まほよめ』をよろしくお願いします！

えんどう・あや／2月17日生まれ／山形県出身／オフィスPAC所属／主な出演作品は『呪術廻戦』（家入硝子）、『おそ松さん』（トト子）ほか

My Favorite Scene

帰宅したチセを抱きしめるシルキーの思い

SEASON1の第15話、チセとエリアスの帰りをずっと待っていて、お家も綺麗にして、ドアに鈴を付けて。やっとやっと帰ってきたチセに飛びつくシーンはすごく印象的でした。言葉はなくとも、笑顔で抱きしめるシルキーがすごく好きです。でも、エリアスの「少し留守にする」はもう信用ならないと思ってるはずです。

Mutsumi Tamura

アリス・スウェーン役

田村睦心

Cast Interview

チセとエリアスの関係を見て、「大人〜」って思ってそう

ふとした笑顔に感情がわかりやすく表れる

——田村さんは『魔法使いの嫁』という作品の魅力はどんなところにあると思いますか？

田村　精霊とか目に見えないものへの敬意だったり畏怖の念が、子どもの頃には少なからずあって、世界がもっともっと素敵に、そして恐ろしくも見えていたな……なんて思い出させてくれる作品だと思いました。そして魔法への憧れも。怖いときもあるけどワクワクするお話です。

——田村さんが考えるアリスの魅力を教えてください。

田村　ガラは悪いけれど素直でかわいいなと思います。素直だから気を遣って笑うとかあまりないですし、言い方も直球で少し怖い気もしますが、ふと見せる笑顔が本当にうれしいんだなとか楽しいんだなとか美味しいんだなってわかりやすく出るのがかわいいです。髪が長かったときも好きでしたけど、短くなってさらに素敵になりましたよね！　制服がパンツルックなのもまたいい！　とてもかっこよかったです！

——演じる際に意識していることや、スタッフからのディレクションで印象に残っていることは？

田村　子どもの頃のアリスは、幼少期ということもあってテストでは少しかわいく演じてしまったのですが、「アリスはもっと男の子みたいな感じでいい」って音響監督のはたしょう二さんに言われました。声がガラガラしていてもいいって（笑）。なので、気にせず演じることができました。

——アフレコ現場の思い出を教えてください。

田村　初期のチセは本当に蚊の鳴くような声で（笑）。なので、音を立てないようにみんなでそろそろ動いてアフレコをしていたような気がします。「学院篇」のチセは生気に満ちていて、いろいろなものを取り込んで強くなっているからか、すごく頼もしいな〜と思いました！

——もしご自身が学院の生徒だったとして、アリスと距離を縮めようと思ったとき、どんなアクションをとりますか？

田村　「アリス面白い！　友達になりたい！」って思ったときが友達になりどきという感じがします。ストレートにその気持ちをぶつけたらちょっと照れながらも「別にいいけど……」って友達になってくれそう！　アリスと友達、もしくは同僚になったら、助け合うときは助け合うけど、何をするにもいつも一緒、という感じにはならない気がしますね！　さっぱりとした関係性になりそうです。

——アリスはチセにどんな印象を持っていると思いますか？

田村　チセとエリアスの関係を見て、同年代の女子として「大人〜」って思ってそうな気がします（笑）。よくはわかりませんが、そういう関係もいいな、すごいなって。いろいろな試練を乗り越えていく姿を見て、「私も頑張らないと！」っていい刺激になっていそうな気がします。

——アリス以外で特にお気に入りのキャラクターは？

田村　ルツがかわいいですね……。素晴らしく忠犬。二人はひとつ。二人でひとつ。あとシルキーも好きです！　いつも家を守ってくれて、美味しいご飯を出してくれて、優しく見守ってくれているのが、素敵だな〜と思います！

——もし田村さんが魔法・魔術を使ったり作中に登場した場所へ行けたりするとしたら何をしたいですか？

田村　やっぱり学院じゃないですかね!!　いろんな先生や先輩がいますし、学んでみたいこといっぱいです！　でも死にそうなことはいやだな……。あとできればカラダもこのままがいいですね（笑）。

——最後に、読者へメッセージをお願いします

田村　魔法の世界には触れたことはないはずなのですが、どこか懐かしいような身近にあったような、そんな雰囲気を感じました。自然や人の優しさや温かさも感じつつ、時に怖さも感じつつ……。チセとエリアスや、アリスとレンフレッドなどいろんなキャラクターの関係性が気になって仕方ありません！　この素晴らしい物語を末長く、ながーく楽しんでいきましょう!!

My Favorite Scene

ウィル・オー・ウィスプやチセとの会話で見せる表情

ウィル・オー・ウィスプとのやり取りがとてもかわいいな〜って思っています。アリスが舎弟のような感じで……！　魔法の授業の時とか好きでした！　あと、チセとのやり取りは年頃の女子のような。それだけではない悶々としたものを抱えつつ悩みを聞いてもらったり。そういう心の交流がよかったです！　チセはちょっと引っ込み思案なので背中を押してあげるアリスも好きでした！

たむら・むつみ／6月19日生まれ／東京都出身／アイムエンタープライズ所属／主な出演作品は『デジモンゴーストゲーム』（天ノ河宙）、『百姓貴族』（荒川弘）ほか

ミハイル・レンフレッド 役

Satoshi Hino

日野 聡

アリスのレンフレッドへの想いはすごく伝わっている

強面で不器用だが心根の優しさが魅力

——日野さんが考えるレンフレッドの魅力を教えてください。

日野　レンフレッドは一見強面だし、真面目すぎるので人間関係が少し不器用に見えるのですが、心根は優しく思いやりのあるところが魅力です。エリアスに対しても、嫌っているようで実は彼を認めているところなど、ギャップがいいですよね。

——演じる際に意識していることや、スタッフからのディレクションで印象に残っていることは？

日野　レンフレッドを演じる際に常に心掛けているのは、表には出づらい心の中の温もりをどう表現するかです。右記とも重複してしまうところがあるのですが、彼の魅力はギャップにあると思うので、厳しい表情や立ち振る舞いなどとは真逆のあたたかい感情をどのくらい、そしてどのようにセリフに乗せるかを考えています。

——『魔法使いの嫁』という作品の魅力はどんなところにあると思いますか？

日野　この作品が持つ魅力は本当にさまざまあると思いますが、なかでも支え合うことで生まれてくる感情、心の温かさなのではないかと思います。チセ、エリアスだけでなく登場人物それぞれが抱える心の霧がチセをきっかけに少しずつ晴れて成長を遂げていくところに惹かれます。

——アフレコ現場の思い出を教えてください。

日野　アフレコ現場で印象深いのは、村瀬歩くんの、【カルタフィルス／ヨセフ】のときの狂気に満ちたお芝居ですね。あまりに迫真の演技だったので、みんなで「村瀬くん自身が普段から狂気じみてるんじゃないの～？」と、冗談でツッコミを入れたりしていました（笑）。

——もしご自身がレンフレッドと同僚だったとして、彼と距離を縮めようと思ったとき、どんなアクションをとりますか？

日野　これは難しいですね……（笑）。レンフレッドを演じさせていただいているので、彼と距離を縮める難しさはよくわかります（笑）。一番うまい方法は、やっぱりアドルフやトーリーのような接し方な気がします。

——レンフレッドはチセにどんな印象を持っていると思いますか？

日野　最初はいろいろと心配はあったと思いますが、チセの心の強さや優しさ、ポテンシャルを知っていくうちに信頼感が高まっていったと思いますね。あとアリスと仲よしになってくれたことにも感謝してると思います。

——レンフレッド以外で特にお気に入りのキャラクターは？

日野　アリスです。弟子としてもそうですし、彼女のレンフレッドへの想いはすごく伝わっているので、レンフレッド以外でのお気に入りというか、大切なキャラクターですね。

——もし日野さんが魔法・魔術を使ったり作中に登場した場所へ行けたりするとしたら何をしたいですか？

日野　美しい場所も多いですが怖い世界でもあるので……。行きたいかどうかというとなんとも難しいですね（笑）。でももし何かできるのであれば、チセのようにネヴィンに空飛ぶ夢を見させてもらいたいです！　TVで放送を観たときに涙が出るくらい本当に美しい景色だったので。

——最後に、読者へメッセージを！

日野　最後まで読んでくださった皆様ありがとうございます！　この度、公式コンプリートブックということで個人的な想いや感想をこのような形で述べさせていただきました。本当に素敵な作品、素敵な役と出会わせていただきました！　今後もTVアニメ『魔法使いの嫁』の続きを皆様にお届けできることを願っています！　どうぞ引き続き『魔法使いの嫁』の応援をよろしくお願い致します。

ひの・さとし／8月4日生まれ／アメリカ合衆国サンフランシスコ出身／アクセルワン所属／主な出演作品は『オーバーロード』（アインズ・ウール・ゴウン／モモンガ）、『鬼滅の刃』（煉獄杏寿郎）ほか

My Favorite Scene

成長途上の弟子を見守るあたたかい眼差し

アリスとのシーン全般が好きですね。アリスといるときのレンフレッドは優しさにあふれていて好きなんですよね～。あとはレンフレッド、アドルフ、トーリーのシーンです！　お酒を飲んだりして普段見られないネガティブな姿やいじられている貴重な姿が見られるので（笑）。

Minami Tsuda　ルーシー・ウェブスター役

津田美波

Cast Interview

悲しみを前に進むための糧にするルーシーは本当に強い

複雑な感情もすべて言葉にしてぶつける

――津田さんが考えるルーシーの魅力を教えてください。

津田　素直でまっすぐなところだと思います。一族が殺害された悲しみを抱えながらもふさぎ込むのではなく、ただひたすら「なぜそうなったのか」を知ろうとしていて。復讐という言葉はあまりプラスのものではないかもしれませんが、その悲しみを前に進むための糧にするルーシーは本当に強いと思いました。一方で、時折見せる年相応の女の子の顔はたまらなくかわいいですね。

――演じる際に意識していることや、スタッフからのディレクションで印象に残っていることは？

津田　ルーシーは重い過去を背負っているぶん最初は大人っぽく演じようとしすぎていたのですが、音響監督のはたしょう二さんから「精神的には大人だけど実際はほかの生徒と同世代なので、学生らしさを意識してほしい」とディレクションをいただいて。チセたちと同じ目線ということを頭に置きながら演じています。感情の面では、ルーシーは本当に素直なんですよね。フィロメラに対しても「怒っているし、でも事情も分かるし、どうしたらいいのよ！」という思いを全部言葉にしてぶつけていたので、私もそれをまっすぐ届けたいと思いました。ルーシーが思いを正面からぶつけたからこそ、フィロメラも気持ちを吐き出せたのかなという気がします。

――アフレコ現場の思い出を教えてください。

津田　第18話でリアンが負傷して一時離脱してしまうので、終盤はリアン（役の山下誠一郎さん）と会う機会が減ってしまって。Blu-ray特典のオーディオドラマの収録で久しぶりに一緒になったとき、みんなが山下さんに「リアンだ！」と群がっていました。なんだか風邪でしばらく学校を休んでいたクラスメイトが久々に登校してきたときみたいで面白かったです（笑）。

――ルーシーはチセにどんな印象を持っていると思いますか？

津田　「お人好しで猪突猛進な、放っておけない子」でしょうか。危なっかしくて手のかかる子だと思っていると思います。でも、だからこそ、ルーシーは「自分がチセの傍にいないと」と考えているのではないでしょうか。

――もしご自身が学院の生徒だったとして、ルーシーと距離を縮めるならどんなアクションをとりますか？

津田　正直、うまく距離を縮められる自信がないですね……（笑）。ルーシーは世話焼きなところがある子なので、放っておけないタイプになるのが一番なのかな？　そういう意味では、チセみたいな人になりたいですね。みんなで勉強をしているシーンでもルーシーがチセやゾーイにアドバイスしていたので、宿題のわからないところがあったら聞いてみたいと思います。

――ルーシー以外で特にお気に入りのキャラクターは？

津田　やっぱりゾーイです。ルーシーのために人狼に立ち向かう姿が本当に素敵で。それまではかわいらしいイメージが強かったけど、ちゃんと男の子なんだなと思いました。ただ、そういうゾーイのかっこよさをルーシーは見られていないという……（笑）。でも、ゾーイの蛇と過ごす時間はルーシーにとってもかけがえのないものだと思いますし、やっぱりゾーイにはまだまだ傍にいてほしいなと思いますね。あとはルーシーとお兄ちゃん（セス）の関係も印象的でした。和解したとはいえまだ素直にはなれないとは思いますけれど、これから徐々に兄妹らしくなっていければいいですね。

――改めて、津田さんは『魔法使いの嫁』という作品の魅力はどんなところにあると思いますか？

津田　たくさんありますが、一言でいうとコントラストかなと思います。物語的にはダークな部分も多くて、どのキャラクターも悲しみやつらさ、苦しさを抱えているけど、それでも一生懸命生きていて、だからこそ世界が美しく見える。そこに引き込まれるものを感じます。

――もし津田さんが魔法・魔術を使ったり作中に登場した場所へ行けたりするとしたらどんなことをしたいですか？

津田　山の頂上に行ってみたいです。『まほよめ』はアニメでも原作でも、空気や光がとても綺麗に描かれているので、そんな世界を高いところから見下ろしてみたいです。

――最後に、読者へメッセージをお願いします。

津田　まだまだたくさんの謎も残っているし、『まほよめ』は掘れば掘るほどミステリアスな世界が広がっています。「学院篇」のアニメは一度終了となりますが、引き続き原作を応援していただき、これからもこの素敵な世界が続くよう見守っていただければうれしいです。ルーシー役としてこの作品に関われたことをとても光栄に思っています。

My Favorite Scene

かばってくれる友達がいることの尊さ

第17話、ルーシーがケヴィンに「案外お前が犯人だったりしてな」と言われるシーンで、チセたちがルーシーのことをかばってくれたのがとても印象に残っています。「ルーシーのために怒ってくれる友達がいるんだ！」って、なんだか保護者のような目線で感動してしまいました（笑）。チセが学院に来て以来、ルーシーがみんなと築き上げた関係性の尊さを改めて感じられるシーンでした。

つだ・みなみ／6月8日生まれ／神奈川県出身／青二プロダクション所属／主な出演作品は『アイカツスターズ！』（白鳥ひめ）、『新幹線変形ロボシンカリオンZ』（新多シン）ほか

リアン・スクリム＝ジョー 役

Seiichiro Yamashita

山下誠一郎

リアンが自分の未熟さを咀嚼していく物語でもあったのかな

針に糸を通すようなバランスの感情芝居

――『魔法使いの嫁』という作品の魅力はどんなところにあると思いますか？

山下　情報量の多さや設定の細かさ、その散りばめ方がものすごく緻密で、世界観に説得力を感じられるところでしょうか。「僕らが知らないところで、本当にこういうことがあるんだろうな」と感じさせつつもしっかりファンタジーであることのバランス、その手腕がすごいなと思います。

――山下さんが考えるリアンの魅力を教えてください。

山下　ミステリアスで無愛想ではありますが憎めないという、絶妙なバランスが魅力だと思っています。頭がよくて冷静だけれど、その実けっこう感情的なところもあることが演じるにつれて見えてきました。大人びているようで等身大の思いを押し隠せないギャップがいいですね。

――演じる際に意識していることや、スタッフからのディレクションで印象に残っていることは？

山下　最初に「〝性格が悪い〟〝暗く冷たい〟みたいな印象には聞こえないようにしたい」とディレクションをいただいて。「口調から感情を読み取れるわけではないけど決して棒読みでもない」という絶妙なバランスを探る作業は、まさに針の穴に糸を通すような感覚でしたね。まほよめラジオに出演したときに（チセ役の）種﨑（敦美）さんから「いつも偏頭痛していそうな感じがいい！」と言っていただいたのですが、単なる〝無口クールキャラ〟にならず、何かしらのフラストレーションを抱えた人間らしさを出せているのかなと思えてうれしかったです。

あと、フィロメラに対して強く言葉をかけるシーンも印象に残っていますね。怒りの裏にはコンプレックスが隠れているけど、彼自身がそれを自覚しきっていないところが厄介で。そのバランスは細かく調整していきました。第2クールは、アイザックにヒントをもらいつつ、リアンが自分の未熟さを咀嚼していく物語でもあったのかなと思います。

――もしご自身が学院の生徒だったとして、リアンと距離を縮めようと思ったらどんなアクションをとりますか？

山下　「魔法、興味ある？」と話しかけるのが一番だと思いますが、スルーされる可能性も覚悟しておいたほうがいいかもしれないですね。ゾーイやアイザックとは仲よくなれそうだけど、リアンは一筋縄ではいかなそうです（笑）。

――リアンはチセにどんな印象を持っていると思いますか？

山下　魔法使いであるという点で最初の期待値はすごく高かったでしょうし、「経験者」というザッケローニの言葉もあったとおり、境遇は違えどきっと二人は同じようなことを乗り越えてきているので、そういう意味では特別な友人なのかなと思います。野外学習やザッケローニの授業で見事な連携プレーを見せたりもしていて、実戦に長けた二人のバディ感はかっこよかったです。

――リアン以外で特にお気に入りのキャラクターは？

山下　やっぱりチセはすごいなと思います。落ち着いていて、でも突き抜けた精神性と行動力があって、僕が今まで見たことのない主人公ですね。そしてヴェロニカも、リアン以上に謎めいていて気になるキャラクターです。現場でヴェロニカを演じる上田（麗奈）さんといろいろと芝居についての話をできたことは僕の財産になりました。あと、フィロメラも自分で雑に切ったであろう前髪とか、色みのバランス感がすごくよくて、キャラクターデザインとして秀逸だなと思います。リアンとの関係性も含めて、これからがとても気になります。

あとは、エリアスとシメオン先生が子どもと同じように仲を深めていくのも印象的でした。学院という箱の性質上、大人と子どもという分け方をするけど、実際はそんなに違いはなくて、それも「学院篇」のテーマなのかなと僕は勝手に思っていました。リアンとトーリーの関係も、どっちが子どもなんだ？と思うようなバランスが面白かったです。……って、この調子だと全員に対して語ってしまいそうです（笑）。

――もし山下さんが魔法・魔術を使ったり作中に登場した場所へ行けたりするなら何をしたいですか？

山下　あちら側にはあちら側の〝ルール〟があるから気軽に行くのは怖いですが、日常が便利になるような魔術は使ってみたいと思いました。あとはＢｌｕ-ｒａｙ特典のオーディオドラマでリアンたちが行ったところを巡る「まほよめツアー」をしたいです。

――最後に、読者へメッセージを！

山下　リアンというキャラクターを通して、自分の見識や芝居の引き出しを一つ増やすことができたと思っています。こんなにも彼ら・彼女らの未来が気になることってなかなかないですし、この素敵な作品をこれからも皆さんと一緒に語り継いでいけたらうれしいです。

My Favorite Scene

高い熱量で芝居をぶつけた喧嘩シーン

アイザック役の西山（宏太朗）さんと一緒に収録した第15話の喧嘩シーンが印象に残っています。スタッフの方からディレクションをもらうたび、言われた本人だけでなくもう一人もマイク前に立ち、何度も掛け合いをして。役者として非常に楽しい時間でした。フィロメラの苦しさがキーになるシーンですが、リアンを演じる身としてはどうか彼を嫌いにならないでほしいなと思います（笑）。

やました・せいいちろう／5月21日生まれ／広島県出身／大沢事務所所属／主な出演作品は『陰の実力者になりたくて！』（シド・カゲノー／シャドウ／影野ミノル）、『刀剣乱舞』シリーズ（薬研藤四郎、愛染国俊）ほか

Koutaro Nishiyama アイザック・ファウラー役

西山宏太朗

Cast Interview

アイザックは計算ではなく自然に優しくできる人

頭で考えず、サラッと発する優しい言葉

――西山さんが考えるアイザックの魅力を教えてください。

西山　アイザックは自然と他人のフォローができる、本当に優しい子だと思います。自分の中の正義をしっかりと持っていて、誰かが悲しい思いをするなら自分が一発怒ってやろうと考えられるし、甘くするだけじゃなく時には厳しく接するという優しさも持っているところが魅力ですね。一方で、自信がないところもあって。特に、自分が猪突猛進にはなれないタイプなぶん、すぐに走り出せるリアンに対しては憧れや羨望の感情があるんだと思います。そういう部分には僕自身、感情移入するものがありました。

――演じる際に意識していることや、スタッフからのディレクションで印象に残っていることは？

西山　物腰の柔らかさと初対面でも話しやすい雰囲気は表現できたらと思っていました。ただ、優しいセリフを言ったときに音響監督のはたしょう二さんから「ナチュラルに優しくできる人だから、『優しくしよう』と思って優しくしなくても大丈夫です」とディレクションをいただいて、なるほどと思いましたね。アイザックは計算ではなく自然に優しくできる人なんだと改めて認識させられました。演じるときも、相手の欲しい言葉を頭で考えて発するのではなく、会話の流れでサラッと言う感じを意識しています。

――もしご自身が学院の生徒だったとして、アイザックと距離を縮めようと思ったらどんなアクションをとりますか？

西山　気難しく考えなくても自然と仲よくなれそうな気がします。食堂で「何食べる？」と話しかけたらフランクに受け入れてくれそうですし、何かを相談したら親身に考えてくれそうですよね。僕もアイザックから魔道具の話を聞きたいし、きっとすぐにいい友達になれるんじゃないかな。

――アイザックはチセにどんな印象を持っていると思いますか？

西山　先ほど「アイザックは計算ではなく自然に優しくできる人」と言いましたが、チセに対しては逆に、当初は意図的に彼女が過ごしやすい環境を作ってあげようとしていたんじゃないかなと思います。でも、仲良くなってからはそういうこともなくなったような気がしますね。だから今はいい意味で、ほかのクラスメイトと同じように〝友人の一人〟として見ていると思います。他者のいいところを見つけるのが上手なアイザックなので、きっとチセのこともリスペクトを持って見ているんでしょうね。

――アイザック以外で特にお気に入りのキャラクターは？

西山　悩ましいですが……ヴェロニカは登場するだけでドキッとするような存在感があり、上田麗奈さんのお芝居も相まってとても印象的なキャラクターでした。ヴェロニカとフィロメラの関係性はもっと掘り下げて知りたいですよね。でも、そこをはっきりと描きすぎないのも、『まほよめ』の文学としての魅力だと感じています。

――改めて、西山さんは『魔法使いの嫁』という作品の魅力はどんなところにあると思いますか？

西山　今お話ししたヴェロニカとフィロメラのように、もっと深掘りして知りたいと思うような個性豊かなキャラクターがたくさんいることに、僕は魅力を感じています。「この子は今、何を考えているんだろう？」と想像したり、「自分に近いのは誰だろう？」と当てはめたりするのも楽しいですし、一方でそれぞれが壮絶な過去や複雑な事情を抱えていて。みんな、本当に幸せになってほしいです。

――もし西山さんが魔法・魔術を使ったり作中に登場した場所へ行けたりするとしたら何をしたいですか？

西山　魔術が使えたら、なんでもしまえる四次元スペースが欲しいです。最近家具を新調しようと思ったのですが、粗大ごみの処理が大変すぎたので……。それか、アイザックに粗大ごみを燃えるごみに変える魔道具を作ってもらいたいですね（笑）。

――最後に、読者へメッセージを。

西山　僕はこの作品を通して、人と違うことを受け入れることの大切さや、誰かを変えることや自分が変わることの大変さなど、たくさんのことを教えてもらいました。きっと皆さんにもそれぞれ心に残るシーンやセリフがあると思いますので、これからもそれを大切に、原作もアニメも何度でも観返して楽しんでいただけたらうれしいです。

My Favorite Scene

フィロメラの気持ちに自分の思いも重ねて

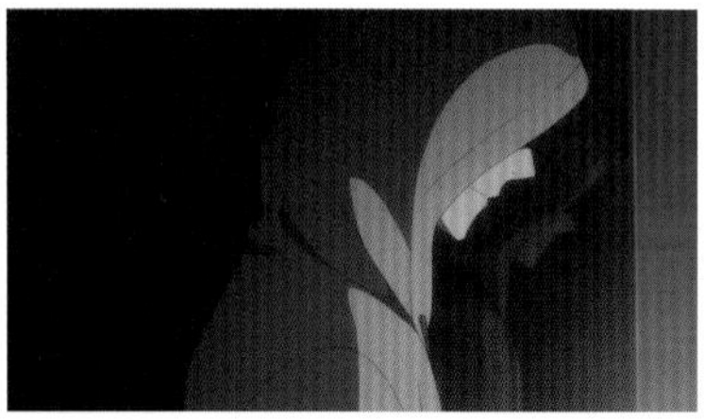

第15話から第16話の一連の流れはとても大切に演じました。パズルのシーンのあとにアイザックがリアンに言った「ちょっとは自分で考えろ 甘ったれ」という言葉は、仲間意識を感じるフィロメラの気持ちを代弁しつつも、自分の思いも詰め込まれていたんでしょうね。肝試しのときにフィロメラにかけた「愚痴ぐらい吐かないとやってられないよ僕たち」というセリフも非常に印象的でした。

にしやま・こうたろう／10月11日生まれ／神奈川県出身／81プロデュース所属／主な出演作品は『A3!』（皆木綴）、『あんさんぶるスターズ！』（深海奏汰）ほか

ゾーイ・アイビー役

小林大紀

Daiki Kobayashi

ゾーイは素直で純粋で、すごく学生らしい子

重い展開が続く物語で癒しを担うキャラクター

――『魔法使いの嫁』という作品の魅力はどんなところにあると思いますか?

小林　王道ファンタジーな世界観に潜むダークさだと思います。イギリスが舞台の魔法ものということで入り口としては入りやすいですが、魔術の代償があったり、魔法を使うために契約が必要だったりと、綺麗なだけではない怖さがあるのが惹きつけられる一因なのかな、と。一方で、「学院篇」では学生たちの明るいやり取りも描かれていて。いろいろな楽しみ方ができる作品です。

――小林さんが考えるゾーイの魅力を教えてください。

小林　ゾーイくんはとにかくかわいい子だと思います。出自についてや人狼との戦いで見えた新たな一面など謎な部分もありますが、基本的には素直で純粋で、すごく学生らしい子ですね。チセたちに対しても一度打ち解けたらすごく心を開いていましたし、ルーシーに対する態度も微笑ましくて。重い展開が続く第2クール後半ではゾーイくんの存在が物語の癒しになっていました。

――演じる際に意識していることや、スタッフからのディレクションで印象に残っていることは?

小林　当初はとにかく警戒心を強めに演じていましたが、チセたちと打ち解けて以降は、ムードメーカー的な役割を持つ子なので、みんなが落ち込んでいるときもなるべく明るいトーンを心掛けていました。ただゾーイくんは相手との距離感によってはそこまで話せないこともあると思い、そのバランスは音響監督のはたしょう二さんと相談もしながら演じています。

人狼とのバトルシーンでは何かに支配されたような状態だったので、いつものゾーイくんとの落差をつけるように気をつけました。声色的にも感情的にも、ある種戦いを楽しんでいるかのように。あれがいったいなんだったのか……それは「皆さんの想像にお任せします」なのかな? 僕自身も初めてゾーイくんのあの姿を見たときは驚きましたが、そのギャップもまた彼の魅力の一つだと思っています。

――もしご自身が学院の生徒だったとして、ゾーイと距離を縮めようと思ったらどんなアクションをとりますか?

小林　『まほよめ』の現場ではよく「キャストとキャラクターで似ている部分があるよね」と話していまして、その中で「小林くんのゾーイ感、すごいよね」と言っていただけることが多かったんです。だから似たところはあると思うので、割とすんなりと仲よくなれる気がしますね。ゾーイくんが困っていることがあったら教えてあげたり、食堂で欲しいものを取ってあげたりとさりげなくサポートして、徐々に距離を縮めていけたらいいなと思います。ルーシーみたいに初手でイヤーマフを取るようなことは絶対にできません(笑)。

――ゾーイはチセにどんな印象を持っていると思いますか?

小林　人との距離の取り方や話し方、感性が似ていると思うので、ゾーイくんが一番気楽に話せる女友達なんじゃないでしょうか。この二人、一緒に行動することも多いし、セリフのハモリも多いんですよ(笑)。でも、何でも話せるわけではないという、一定の距離感があるのも面白いなと思います。

――ゾーイ以外で特にお気に入りのキャラクターは?

小林　難しいですが……アルキュオネさんが好きです。どこかお茶目なところがかわいいですし、一方で「フィロメラを守る」という信念をずっと一途に持ち続けていて。ラストは本当に切なくて、胸にグッと来るものがありました。

――もし魔法・魔術を使ったり作中に登場した場所へ行けたりするとしたら何をしたいですか?

小林　魔術や魔法の原理を知りたいので、チセたちと同じように学院で勉強したいです。あとは、Blu-ray特典のオーディオドラマであったように、クラスメイトと一緒にロンドンへ課外授業に行きたいですね。マダム・タッソー館とか、ロンドン・アイとか。ファンタジーな物語の中に実在の場所が出てくるのも、『まほよめ』の魅力の一つだと思います。

――最後に、読者へメッセージを。

小林　魔術や魔法がある世界を描いた作品ではありますが、ゾーイたちの感情は普通の思春期の子が抱える悩みの延長で。ダークな世界観を感じながら、現実と同じ目線でキャラクターたちのドラマを楽しんでいただければと思います。もしかしたら私たちの世界にも魔術や魔法はあるかもしれないし、いつかチセたちが僕らのところに会いに来てくれるかもしれません。そんなことを夢見ながら、これからも一緒に『魔法使いの嫁』を楽しんでいきましょう!

My Favorite Scene
ルーシーが作ってくれたきっかけ

第5話、イヤーマフが取られてしまうところから中庭までの一連のシーンが、僕はとても好きなんです。ゾーイの目の表現がとても印象的でしたし、物語的にもここからゾーイはみんなと打ち解けられたので。ルーシーのある種の強引さがきっかけを作ってくれたのかなと思います。あとは、第11話のルーシーに蛇を撫でられるところ! 演じるのが気恥ずかしくなるくらいキュンキュンしました(笑)。

こばやし・だいき/9月23日生まれ/大阪府出身/81プロデュース所属/主な出演作品は『フューチャーカード 神バディファイト』(星詠スバル)、『MIX』(夏野一番)ほか

私の中でも「フィロメラはもう大丈夫」と思っていた

Cast Interview

Maki Kawase
河瀬茉希
フィロメラ・サージェント役

自分の役割を果たそうと一生懸命もがいている子

―『魔法使いの嫁』という作品の魅力はどんなところにあると思いますか？

河瀬　最初はなかなか見えなかった登場人物たちの本心やバックボーンが、物語が進むにつれて徐々に明かされていくのが面白いなと思います。チセを通してそれらが見えてきたときに「だからこのセリフに繋がるんだ！」と納得したり、逆に、暗い部分を垣間見てしまって「あ、知ってしまった……」と思ったり。そういう部分に惹き付けられて、原作を読む手が止まりませんでした。アニメでは原作とは物語の順番が若干変わっているのですが、あんなに濃厚で重く深い物語を、限られた話数の中で見せていくのがすごいなと、台本を読むたびに思っていました。原作もアニメも両方面白いというのが『まほよめ』の魅力だと思います。

―河瀬さんが考えるフィロメラの魅力を教えてください。

河瀬　魅力というと少し難しいですが……フィロメラは早くに親と別れ、それからずっと押さえつけられて育ってきたからこそ、内面に「誰かに認めてもらいたい」「おばあさま（リズベス）に褒めてもらいたい」という子どもらしい欲求を秘めていて。その中でなんとか自分の役割を果たそうと一生懸命もがいている子だと思います。特に第1クールではほとんどしゃべらないし、基本的に具合が悪そうだったので、初めて原作を読んだときは「この子はいったいどんな子なんだろう？」と思っていたのですが、彼女のバックボーンが見えてからは、チセと同様に「守ってあげたい」と感じるようになっていきました。

―演じる際に意識していることや、スタッフからのディレクションで印象に残っていることは？

河瀬　基本的には私が原作を読んで受け取った印象のままに演じさせていただいています。仕事として誰かに仕えているときは淡々とした敬語口調でポツポツとしゃべることを、一方でチセに本音を聞かれたときなど、“自分の中で答えを生まなきゃいけないとき”は詰まってしまう感じを意識しました。第一声の一文字目が強いとハキハキとした印象に聞こえるので、しゃべり出しはあまり音を乗せないように。フィロメラ本人としては「自分の意見を口にしていいのだろうか」という迷いもあるでしょうから、収録ブース内にいるほかのキャストの皆さんにも聞こえているのかなと思うくらいボソボソと、震える声で演じています。3日くらい休みで誰とも会わなくて久しぶりにしゃべったときの声の出なさ、みたいな感じで（笑）。スタッフの皆さんが丁寧に音を収録してくださってありがたかったです。

―リズベスに対して「あなたがかけた『呪い』を解きます」と言い放

My Favorite Scene

スタッフの意志を受け取り芝居に乗せる

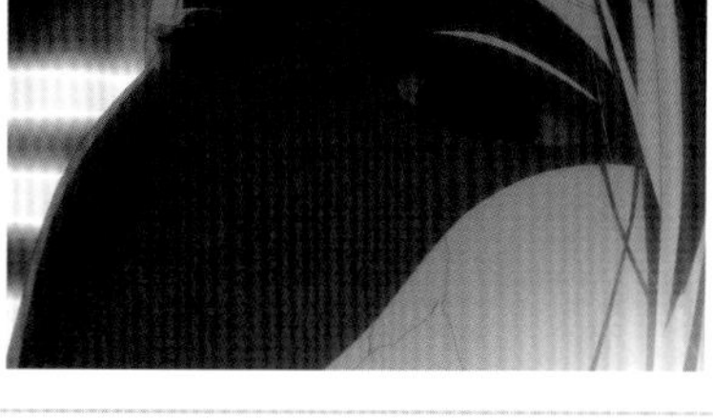

フィロメラが、自分を「贄」にしてアダムを蘇らせるというおばあさまの目的を知った第22話のシーンは、アフレコ前のチェック映像の段階で既に挿入歌がついていたんです。その壮大さに、家で練習をしながら泣きそうになってしまいました。スタッフの方の「こういうシーンにしたい」という意志が感じられて、私もそれに応えられるよう頑張ろうと気が引き締まりましたね。

つシーンは、フィロメラが自らの意志で明確に一歩を踏み出したシーンだったと思います。あちらはどう演じられましたか？

河瀬　自分に置き換えて考えても、育ててくれた人って大きな存在だと思いますし、おばあさま本人を直接拒絶することはフィロメラにとって大きなターニングポイントだったと思いました。あのときのフィロメラは「自分はダメな人間なんだ」よりも、「認めてくれる人たちがいるから変わりたい」という気持ちのほうが強かったでしょうから、私の中でも「フィロメラはもう大丈夫」と思っていて、ハッキリと胸を張って声を出す気持ちで演じています。

——アフレコ現場の思い出を教えてください。

河瀬　すごく穏やかでいい空気感の現場でした。私もおばあさま（リズベス役の定岡小百合さん）もとてもおしゃべりなので、本編では口数の少ないサージェント家を演じる二人が休憩中には一番賑やかだったと思います（笑）。

　あとは、本当に学校みたいな雰囲気だったのも印象に残っています。私がまほよめラジオに出演したときに匂いの話になったのですが、その収録帰りに香水を買ったんです。それで、次のアフレコのときに、ラジオで一緒だった（チセ役の）種﨑（敦美）さんと（ゾーイ役の）小林（大紀）さんに嗅いでもらおうと思ってその香水を現場に持っていったのですが、ほかのみんなも「それ何？」って集まってきて。みんなで香水の匂いを嗅いだのがとても思い出深いです（笑）。

リアンやアイザックとフィロメラの距離感

——フィロメラはチセにどんな印象を持っていると思いますか？

河瀬　「不思議な人だな」という気持ちは相変わらずあると思いますが、一方で「どこか自分と似ている」とも感じているんじゃないでしょうか。素直にいろいろと相談できるほどの仲になるのはまだ難しいかもしれませんが、チセから話しかけられたら自然と返せるような関係になっていたらいいですし、フィロメラ自身がチセをそういう相手だと思えていたらいいなと思います。

——フィロメラとリアン、アイザックとの関係性も印象的でした。河瀬さんは彼女たちの距離感をどのようにご覧になっていましたか？

河瀬　リアンはフィロメラの能力をすごく認めてくれている人で、〝幼馴染と書いてライバルと読む〟みたいに思っている気がします。でもフィロメラにはそれが重みにもなっていて……難しい距離感だなと思いましたね。フィロメラは魔術書に囚われたとき、リアンに「ずっとあなたがきらいだった」と言っていましたが、そこには憧れや羨ましさも含まれていたのではないでしょうか。

　アイザックは、彼自身もつらい幼少期を過ごしてきたので、フィロメラと似たところがある人だと思います。おばあさまの言葉に俯くフィロメラの手を引いてその場から連れ去ってくれたのがアイザックだったのは、少しビックリしました。チセでもリアンでもルーシーでもなく、アイザックなんだ、って。フィロメラにとって自分と同じものを抱える彼は、悩みを聞いてくれる、いいお兄ちゃん的な存在なのかな。本当にアイザックはいい人だなと思います。

——もしご自身が学院の生徒だったとして、フィロメラと距離を縮めようと思ったらどんなアクションをとりますか？

河瀬　授業で「二人一組になって」というときにペアになったり、偶然を装って一緒にご飯を食べたりして距離を縮めようと思います。無理にグイグイいこうとするとフィロメラが困ってしまいそうなので、さりげなく一緒になれるシチュエーションを狙って（笑）。「これ、一緒にやろう」と声をかけたとき、フィロメラが黙ってついてきてくれるような距離感になれればうれしいです。

——フィロメラ以外で特にお気に入りのキャラクターは？

河瀬　リアンは学生時代の私に似ている気がして、少しむず痒いけど嫌いになれないキャラクターですね。私も割と正論パンチをしてしまうタイプだったので、リアンのまっすぐさもわかるんですよ。そういう意味では、一番自分に近いのは彼なのかな、と。逆に、自分にはないものを持っているキャラクターという視点では、アイザックの包容力に憧れますね。あとはゾーイの愛され力もいいなと思いますし、口調は強めでも誰よりも慈悲深いルーシーも素敵だし、学院のみんなはどの人も魅力的だと思います。かっこいいという意味だとライザ学長！　私もあの余裕を感じさせる表情で学院を封鎖したいです（笑）。

——もし河瀬さんが魔法・魔術を使ったり作中に登場した場所へ行けたりするとしたら何をしたいですか？

河瀬　フィロメラたちと一緒に学院で勉強したいです。私、子どもの頃は勉強が嫌いだったんですが、最近は勉強したい欲があるんですよ。だからフラスコを使って実験したり、魔法や魔術について学んだりしたいですね。あと、形から入るタイプなので、羽ペンにも憧れます（笑）。

——最後に、読者へメッセージをいただけますか。

河瀬　『魔法使いの嫁』をSEASON2までご覧いただきましてありがとうございました。特に第2クールはフィロメラ的にはしんどい時間も多かったですが、私としては芝居を練ってマイク前で演じることにすごくやりがいを感じていました。フィロメラが少しずつ前に進む姿を見られてうれしかったですし、これから先、彼女が幸せになっていくことを期待しています。皆さんもぜひ、原作はもちろんアニメも何度でも観返して、『まほよめ』の世界を繰り返し楽しんでください！

かわせ・まき／12月31日生まれ／千葉県出身／アーツビジョン所属／主な出演作品は『ゾンビランドサガ』（紺野純子）、『アオアシ』（一条花）ほか

魔法使いの嫁 星待つひと

OAD

前篇ティザービジュアル

レイアウト／長沼範裕　3D レイアウト／イノセユキエ
原画／加藤寛崇　仕上・処理／小針裕子　背景／竹田悠介

公開　原作コミックス第 6 巻～第 8 巻特装版に収録。イベント上映は前篇／ 2016 年 8 月 13 日　中篇／ 2017 年 2 月 4 日　後篇／ 2017 年 8 月 19 日

STAFF　原作／ヤマザキコレ（マッグガーデン刊）　シリーズ構成・監督／長沼範裕　脚本／高羽彩　キャラクターデザイン／加藤寛崇　色彩設計／小針裕子　美術監督／竹田悠介　撮影監督／鈴木麻予　CGI ディレクター／須貝真也　2D ワークス／西谷知恵　編集／今井大介　音楽／松本淳一　主題歌／ Julia Shortreed「CLOCKWORK QUICK AND LIGHTNING SLOW（A Spell to make all things well)」　音楽制作／フライングドッグ　音楽制作協力／ BASiLiCA　音響監督／はたしょう二　アニメーション制作／ WIT STUDIO　配給／松竹メディア事業部　企画・製作／ Production I.G

CAST　羽鳥チセ／種﨑敦美　エリアス・エインズワース／竹内良太　ルツ／内山昂輝　シルキー／遠藤綾　アンジェリカ／甲斐田裕子　ヒューゴ／久野美咲　三浦理一／櫻井孝宏　ほか

前篇・中篇・後篇の全三部作で、原作者・ヤマザキコレの原案によるオリジナルストーリーを描いた作品。特装版 DVD としてコミックス第 6 巻～第 8 巻に同梱されたほか、それぞれ二週間限定のイベント上映も行われた。

チセがエリアスのもとで魔法の勉強をするようになってしばらく経った頃、彼女がアンジェリカからの荷物を受け取ったことから物語は始まる。荷物の中にあった一冊の本を見て幼き日に経験したある不思議な出来事を思い出したチセは、エリアスにその記憶を話し始めた──。

親を失い親戚の家に引き取られたものの、怪異が視えるために周囲に馴染めず孤独を抱えていた 8 歳のチセ。彼女はある日、森の中で不思議な図書館を発見した。そこには「森の魔法使い」と名乗る不思議な青年・三浦理一がいた。

CHARACTERS

鼠の妖

前篇

怪異に追われ、森の中に立つ建物に逃げ込んだチセ。そこは怪異が入ることのできない「森の図書館」だった。不思議な存在がいない空間、壁一面に並ぶ本、天窓から差し込む光……。そんな光景を前にして、ずっと暗かったチセの表情には明るさが宿った。

中篇

図書館の管理者である三浦から利用券をもらって以来、チセは頻繁に図書館に出入りするようになった。ある日、彼女は家庭での孤独に耐えかね、三浦に頼み込み図書館に泊めてもらうことに。そして一冊の絵本をもらって穏やかな一夜を過ごすことに。

Theme Songs

「CLOCKWORK QUICK AND LIGHTNING SLOW (A Spell to make all things well)」

歌：Julia Shortreed
作詞：Chris Mosdell　作曲・編曲：大森りうと

主題歌は、ゆっくりとしたテンポのメロディと優しいボイスが特徴的。ただし重ねられた音が幻想的な妖しい雰囲気を醸し出している。神秘的であるとともに畏怖の対象である〝隣人〟たちの存在や、『魔法使いの嫁』という作品のイメージに寄り添った、一筋縄ではいかない物語展開を想起させる。

後篇

鼠の妖に身体を食いちぎられた三浦は、チセに自らの記憶と一冊の本を渡して図書館と共に消えてしまった。チセは彼に託された思いを伝えるために奔走。彼の想い人だった女性・新倉真弓をなんとか見つけ出し、その本を届けることができた。

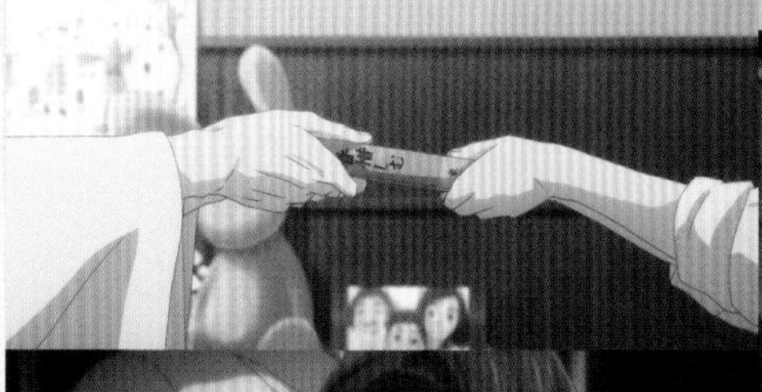

Secret Story　SEASON1の作業に入る前にOAD『星待つひと』をやれたことで、自分の中で『まほよめ』への理解が深まったと思います。実は『星待つひと』の初期プロットは怪異のおかげでチセの孤独な幼少期が救われるという構想だったんですよ。でも、原作者のヤマザキコレさんが「怪異は人間に都合がいいものではない」と。そこでチューニングしたことが本編にも活かせたと思いますね（高羽彩）

OAD 魔法使いの嫁 西の少年と青嵐の騎士

コミックス第16巻〜第18巻の同梱DVDに収録された全三部作のOADで、こちらも原案を原作者のヤマザキコレが担当。「学院（カレッジ）篇」の前日譚となる物語が描かれた。

学院に入るための準備をしていたところ、急に寒気に襲われたチセ。その夜、エリアス邸に不気味な馬を連れたスプリガンが訪ねてきた。いわく、その馬は数十年に一度夏至の頃に現れる「亡霊猟団（ワイルドハント）」の先導役であり、主とはぐれてしまっているという。さらにスプリガンは、先導役を失った亡霊猟団は暴走をしており、チセの寒気もその影響だと言葉を続けた。彼から馬を託されたチセたちは、主を探してあげることに。

一方、ロンドンから越してきたばかりの少年・ガブリエルは、家の近くのストーンサークルで美しい石を発見していた。その後、彼の前には不思議な少年が出現して……？

公開　原作コミックス第16巻〜第18巻特装版に収録

STAFF　原作／ヤマザキコレ（ブレイドコミックス/マッグガーデン刊）　監督／寺澤和晃　脚本／高羽彩・米内山陽子　キャラクターデザイン／加藤寛崇　総作画監督／徳岡紘平　色彩設計／小針裕子　美術監督／田村せいき　撮影監督／鈴木麻予　CGIディレクター／宮地克明　特殊効果／チップチューン　編集／今井大介　音楽／松本淳一　主題歌／inocencia「auro nowe」　音楽制作／フライングドッグ　音楽制作協力／BASiLiCA　音響監督／はたしょう二　音響効果／出雲範子　音響制作／サウンドチーム・ドンファン　アニメーション制作／スタジオカフカ　製作／魔法使いの嫁OAD製作委員会

CAST　羽鳥チセ／種﨑敦美　エリアス・エインズワース／竹内良太　ルツ／内山昂輝　シルキー／遠藤綾　ガブリエル／五十嵐裕美　エヴェン／市川蒼　オベロン／山口勝平　ティターニア／大原さやか　ほか

前篇メインビジュアル
原画／加藤寛崇　背景美術／田村せいき
色彩設計・仕上・処理／小針裕子

CHARACTERS

前篇

ガブリエルの前に現れた少年は、彼の目にしか見えないらしい。都会から田舎への転居や友達との別れ、両親の不仲、そして自らが抱える病気と、現状のさまざまなことに不満を抱えていたガブリエルは、神秘的な少年との出会いに心を躍らせる。

Theme Songs

「auro nowe」
歌：inocencia
作詞：Carter Pione
作曲・編曲：白戸佑輔

人間の少年・ガブリエルと亡霊猟団の少年騎士・エヴェンの交流を描いた本作の主題歌。二人の汚れなき友情とも重なるような、慈愛に満ちた優しく柔らかな歌声が心に沁みる。ただし、どこか物悲しさも感じられるため、とても味わい深い。聴いた人の心を掴んで物語の中へと引き込んでいく。

中篇

記憶を失っていた少年に「エヴェン」と名前を付け、彼の記憶を取り戻すための手助けをすることにしたガブリエル。一緒に行動をするうちに、彼はエヴェンに友情を感じるようになった。だが、実はエヴェンこそがチセたちの探していた馬の主だった……。

後篇

馬と再会したエヴェンは記憶を取り戻し、亡霊猟団に戻ることにした。これで一件落着かと思われたが、彼に魅入られたガブリエルも猟団と一緒に行くことを選択してしまった。チセとエリアスは、ガブリエルを人間の世界に戻すため猟団を追いかけた。

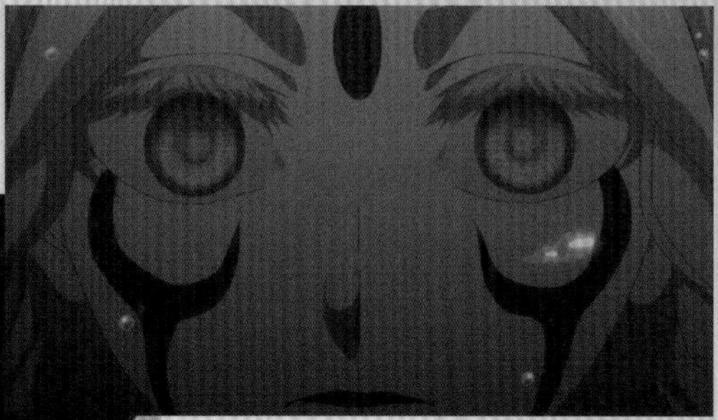

ガブリエルの家
ツリーハウス外観

エリアス邸 外観 浅い夕方

住宅街に近い田舎道
ベンチ付近

ガブリエルの家
ツリーハウス内観（夜灯）

ストーンサークル

魔法使いの嫁
西の少年と青嵐の騎士
設定集

牧草地

CHAPTER VI

DESIGN WORKS

美術ボード＆美術設定＆プロップ設定

SEASON1 美術ボード エリアス邸外観

SEASON2 美術ボード
エリアス邸 庭

エリアス邸

イングランドの端の田舎町に佇む、昔ながらの石造りの屋敷。玄関の横には、村人に薬を売るための小窓がある。家の周りの畑には、カボチャなどの季節の野菜が実っている。

SEASON2 美術ボード エリアス邸 川原

SEASON2 美術ボード エリアス邸 畑

チセの魔法道具など

チセが魔法を使う際に用いる杖は、リンデルの助けを借りて自ら作ったもの。エリアスからクリスマスプレゼントにもらったテディベアは、チセの魔力を吸い取る仕掛けが施されている。

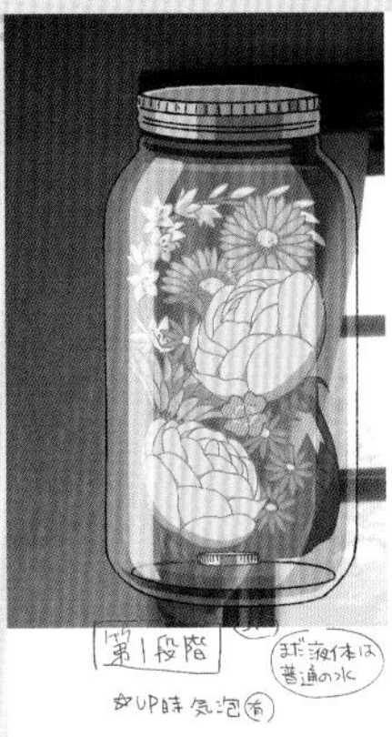

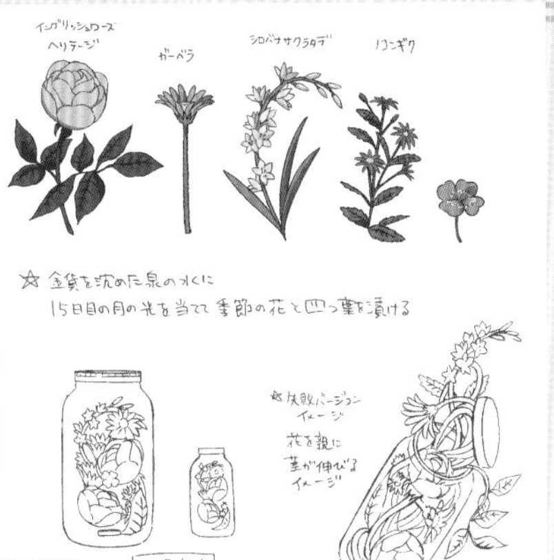

SEASON1 プロップ設定
チセの杖

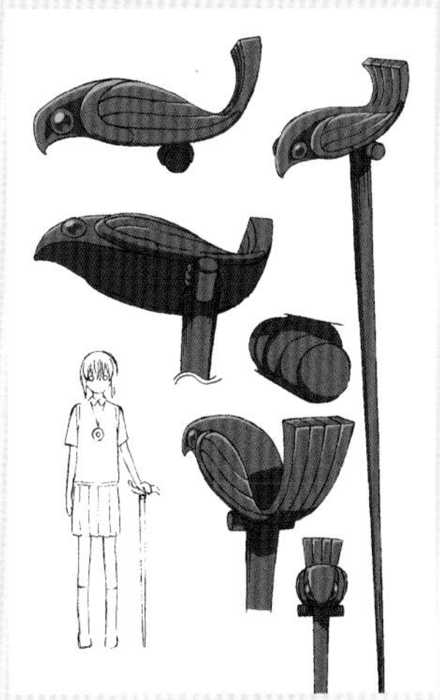

SEASON1 プロップ設定 人狼の毛皮

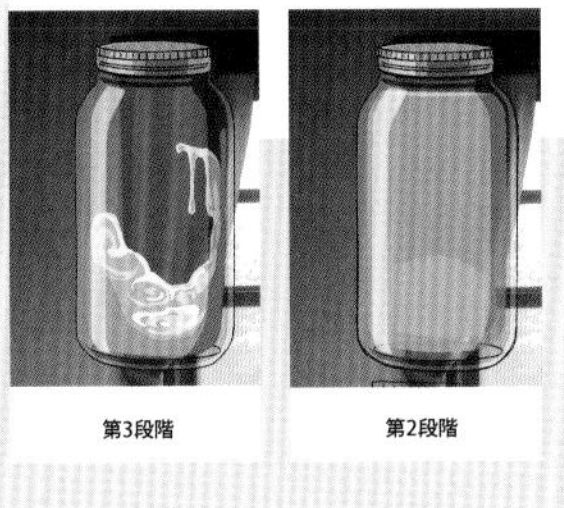

SEASON1 プロップ設定
妖精の塗り薬の瓶

SEASON1 プロップ設定 手紙鳥

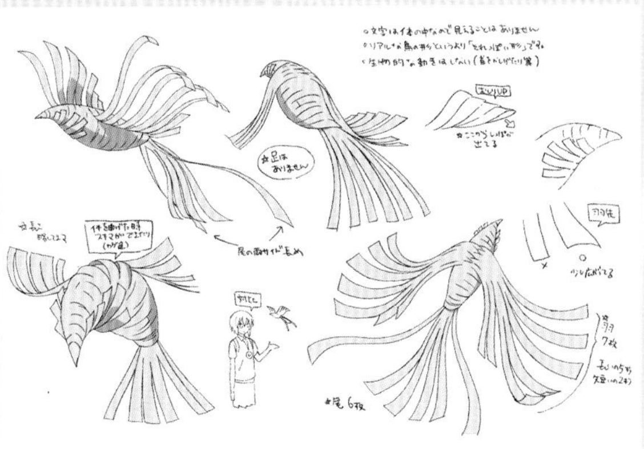

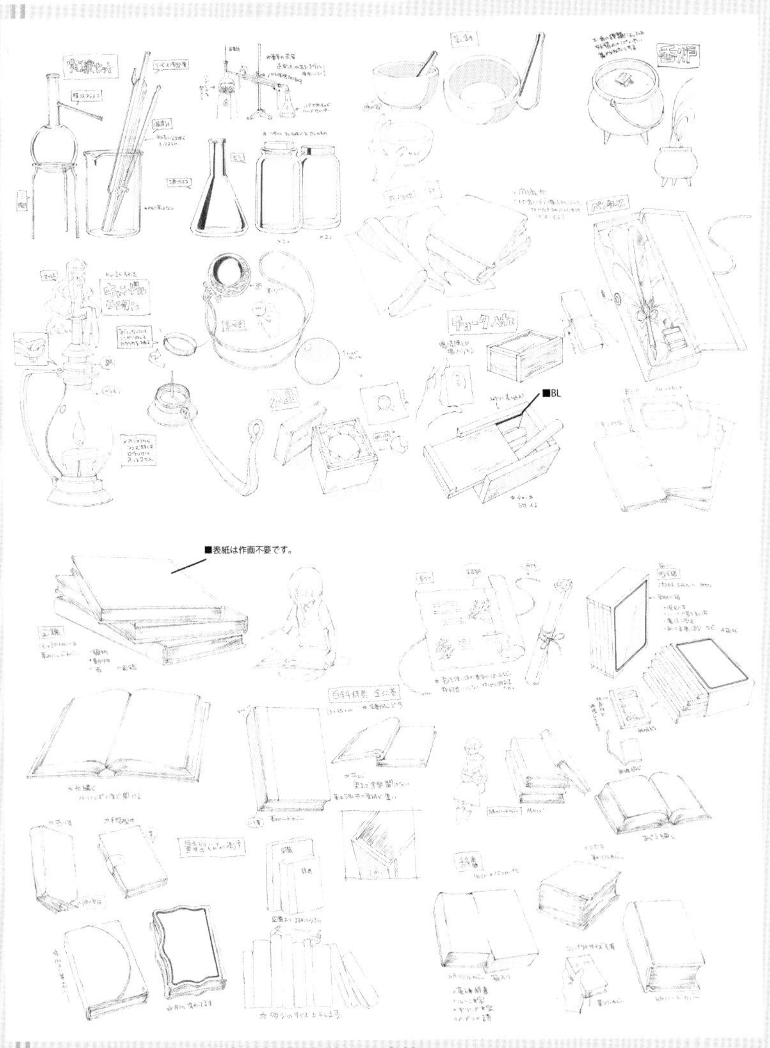

SEASON1 プロップ設定 魔法道具と書籍

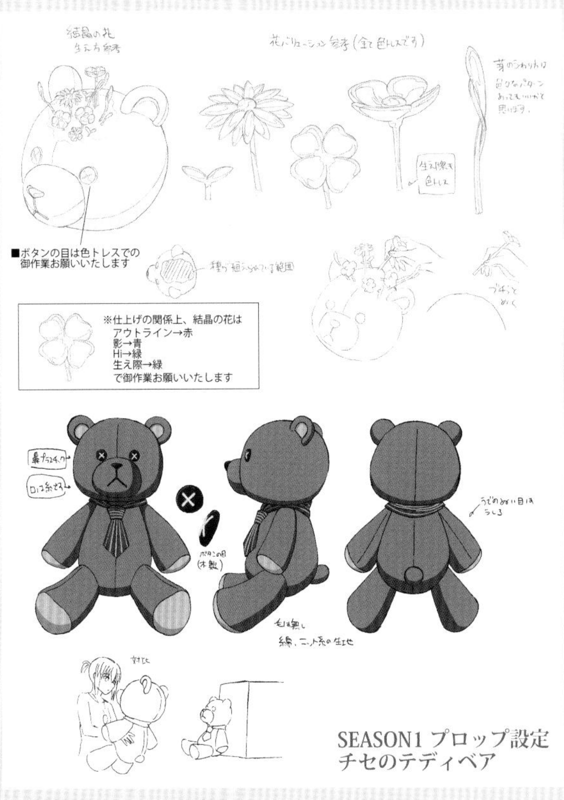

SEASON1 プロップ設定
チセのテディベア

SEASON1 プロップ設定 魔法練習用の水晶

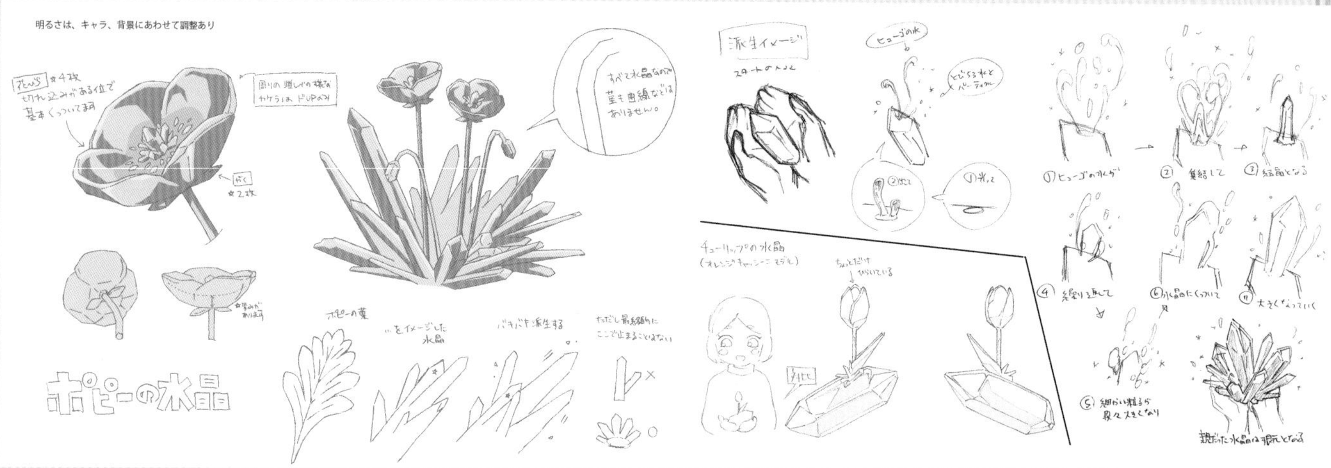

SEASON1 プロップ設定 アンジェリカからの魔法道具一式

アンジェリカの工房

ロンドンの街角、寂れた古書店の奥にある工房。さまざまな魔法道具や作業台が並ぶこの場所でチセは初めて魔法の練習をし、また、アンジェリカに魔法道具をあつらえてもらった。

SEASON1 美術ボード アンジェリカの工房 室内

竜《ドラゴン》の国

アイスランドにある竜（ドラゴン）の国は、絶滅寸前の竜たちが人目を避けながら暮らしている場所。雄大な自然の中で、ネヴィンは菩提樹（リンデンバウム）の苗床になった。

SEASON1 美術ボード 竜の国 外観

SEASON1 美術設定 竜の国 位置説明

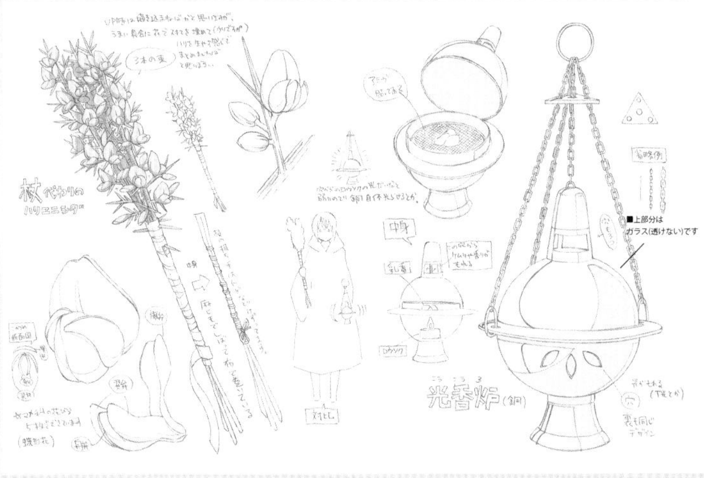

SEASON1 プロップ設定 光香炉とハリエニシダの杖

ウルタール

たくさんの猫が暮らす「猫の集う町」。湖に蠢く〝澱み〟を浄化しようとしたチセは、かつてこの村で暮らしていた夫婦の身に起きた悲劇を知ることに……。

SEASON1 美術ボード ウルタール 湖（夜）

SEASON1
美術ボード
ネモフィラの
花畑

SEASON1
美術ボード
ウルタール
森の小屋 外観

ネモフィラの花畑

ウルタールの〝澱み〟となり、長く苦しみ続けたミナとマシューは、チセの力を借りてネモフィラの花畑で再会を果たす。どこまでも続く青い花の絨毯は、心が洗われるような美しさだ。

エインズワース邸 近くの森・妖精の国

エリアスが昏睡したチセを寝かせた森。ティターニアが現れると、木々は神々しい光に包まれた。さらに森の奥深くに入ると、妖精の国への入り口がある。

SEASON1 美術ボード 妖精王の森

SEASON1 美術ボード
妖精の国 湖

SEASON1 美術ボード 妖精の国への入り口 俯瞰 夜

ルツと出会う教会

黒妖犬になったルツが居ついた教会。墓地にはイザベルが眠っている。エリアス邸からは徒歩で行くことができる距離にある。

SEASON1 美術ボード ルツと出会う教会 裏手の墓地 曇天

SEASON1 美術ボード
ルツと出会う教会 遠景 曇り

ラハブ邸

時間の概念も場所の概念もない、海に浮かぶ小島。そこに立つ木造の小屋がラハブの家だ。彼女に導かれて島を訪れたチセは、ラハブの淹れたコーヒーを片手にエリアスの過去を聞いた。

SEASON2 プロップ設定 ラハブ家コーヒーセット（ラフ）

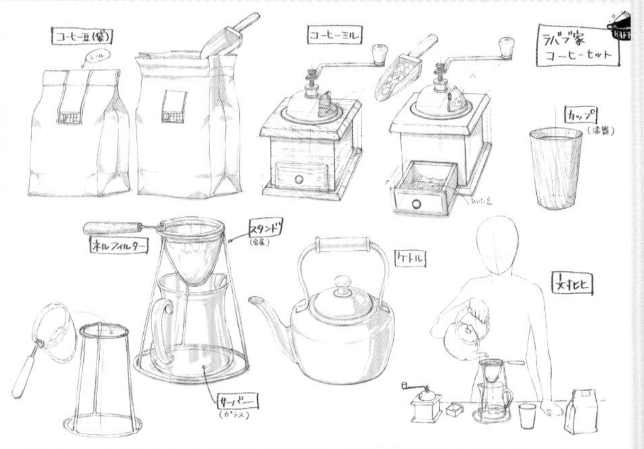

SEASON1 美術ボード ラハブ邸 外観

SEASON1 美術ボード ラハブ邸 室内

競売場

エリアスがチセを買った競売会の会場。カルタフィルスに捕らえられた竜の雛もここに出品された。だが、雛は競りの最中に恐怖ゆえに暴走。競売場は炎に巻かれ大破した。

SEASON1
プロップ設定
竜の拘束具

SEASON1 美術ボード 競売場 ステージ

SEASON1 美術ボード
カルタフィルスの研究室
実験室

カルタフィルスの研究室

カルタフィルスの隠れ家であり、自身の身体の改造やキメラの生成などの研究を行っていた場所。実験室の奥には、実験物を収めた水槽があり、その横には死体置き場が。

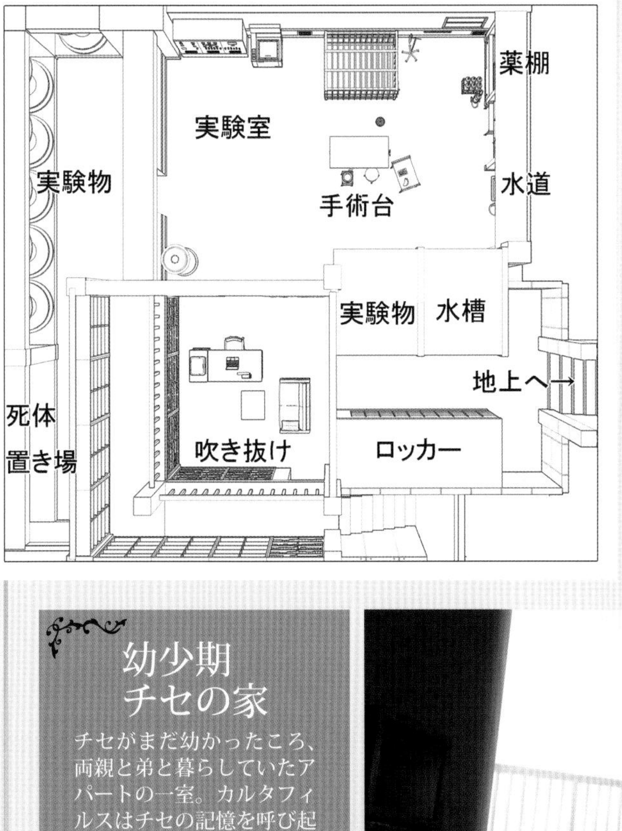

SEASON1
美術設定
カルタフィルスの
研究室
見取り図

SEASON1
美術設定
カルタフィルスの
研究室 書斎

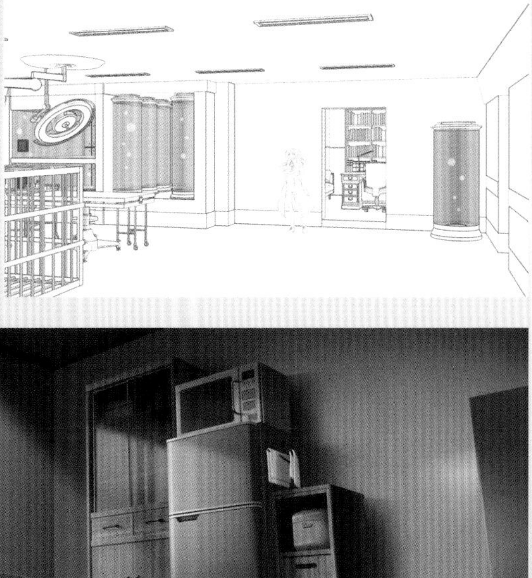
SEASON1
美術設定
カルタフィルスの
研究室 実験室

幼少期 チセの家

チセがまだ幼かったころ、両親と弟と暮らしていたアパートの一室。カルタフィルスはチセの記憶を呼び起こして当時の記憶を再現し、幸せな思い出と辛い記憶を突き付けた。

SEASON1 美術ボード 幼少期チセの家 昼

SEASON1
美術ボード
幼少期チセの家
夜 点灯Ver.

SEASON1 美術ボード チセの精神世界 ポピーの花畑

チセの精神世界

母の幻影と向き合うチセの心の中には、母との思い出の場所であるポピー畑とよく似た風景が広がっていた。色とりどりのポピーに囲まれながら、チセは母に別れを告げた。

SEASON2
美術ボード 教室塔
教室

学院《カレッジ》 教室

魔術師の互助組織であり、魔術の学び舎でもある学院（カレッジ）。魔術の授業や実習はもちろん、ラテン語や体育などの一般教科の授業もあるほか、日曜にはルーン魔術の補講も開講することも。

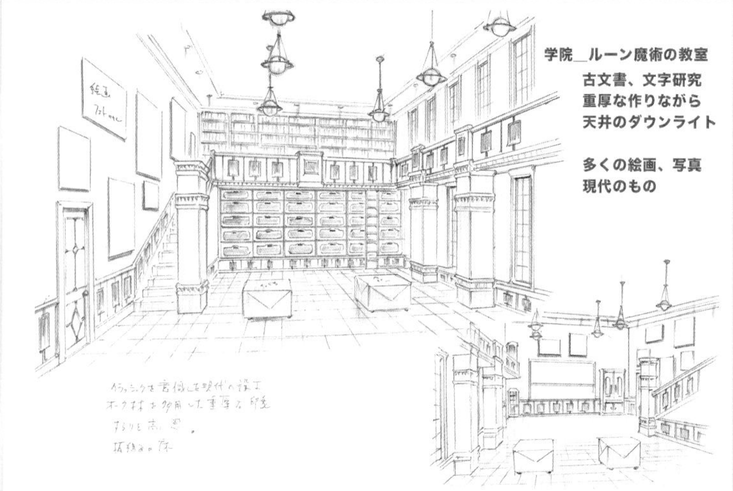

SEASON2
美術設定
ルーン魔術の教室

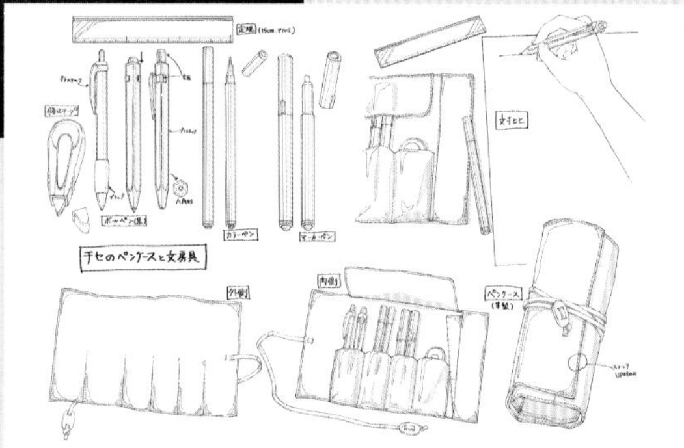

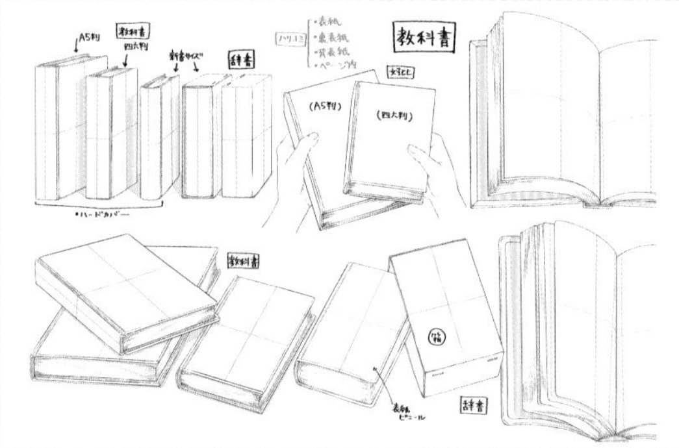

（上）
SEASON2
プロップ設定
チセの
ペンケースと
文房具
（下）
SEASON2
プロップ設定
授業用教科書

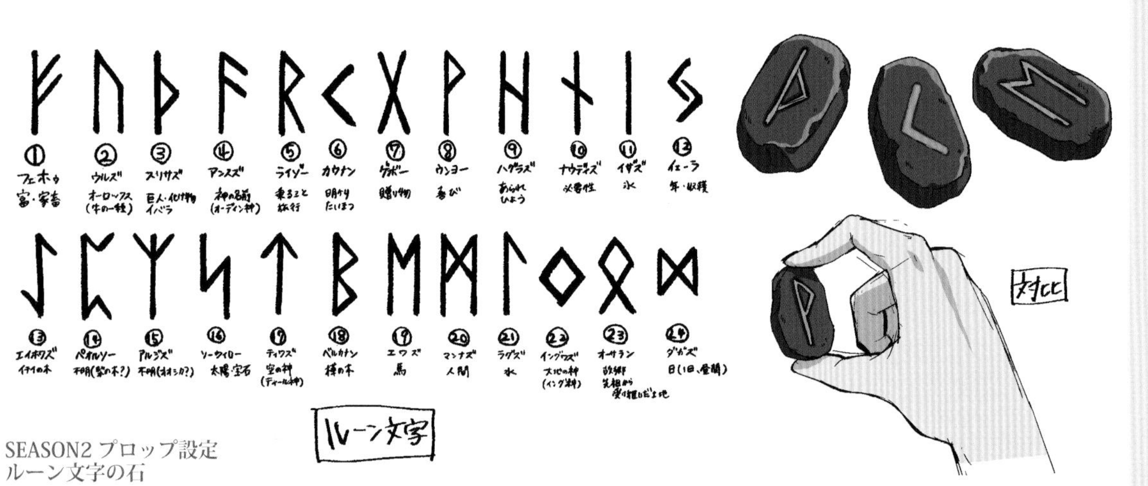

SEASON2 プロップ設定
ルーン文字の石

学院 宿舎塔

チセとエリアスは〝裏道〟を通って自宅から通学しているが、ほとんどの生徒は宿舎塔の寮で寝起きしている。寮母は猫たちが務めており、チセとルーシーの部屋があるのはローズ・リン寮。フィロメラの部屋があるのはオリヴィア寮。

SEASON2 美術ボード 学院 宿舎塔 チセとルーシーの部屋 昼

SEASON2 美術ボード 学院 宿舎塔
フィロメラの部屋 早朝

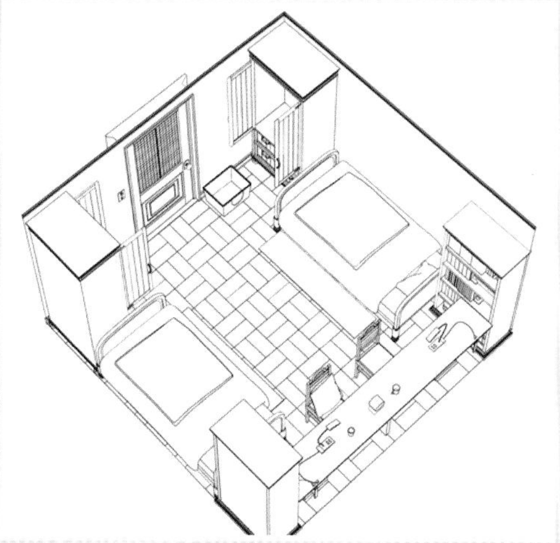

SEASON2 美術設定 学院 宿舎塔
チセとルーシーの部屋

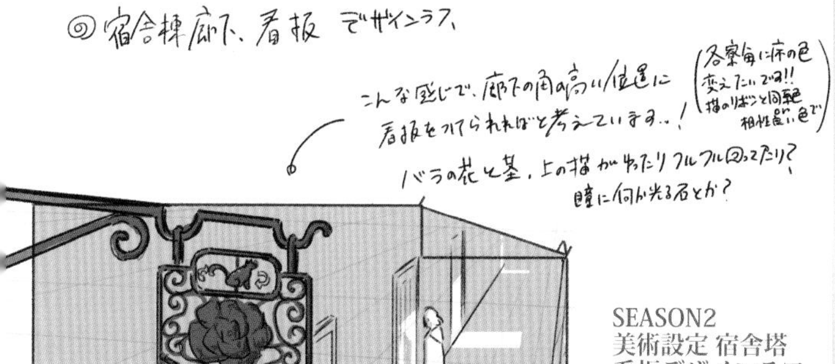

SEASON2
美術設定 宿舎塔
看板デザインラフ

SEASON2 美術ボード 学院 宿舎塔 ローズ・リン寮 廊下 昼

学院 救護室

救護室にはアレクサンドラが常駐し、体調不良の生徒や職員の手当てをしている。また、チセやゾーイといった珍しい体質の生徒の検査や問診を行う場所でもある。

SEASON2 美術ボード 学院 救護室内
アレクサンドラの自室兼問診室

SEASON2 美術ボード 学院 救護室内

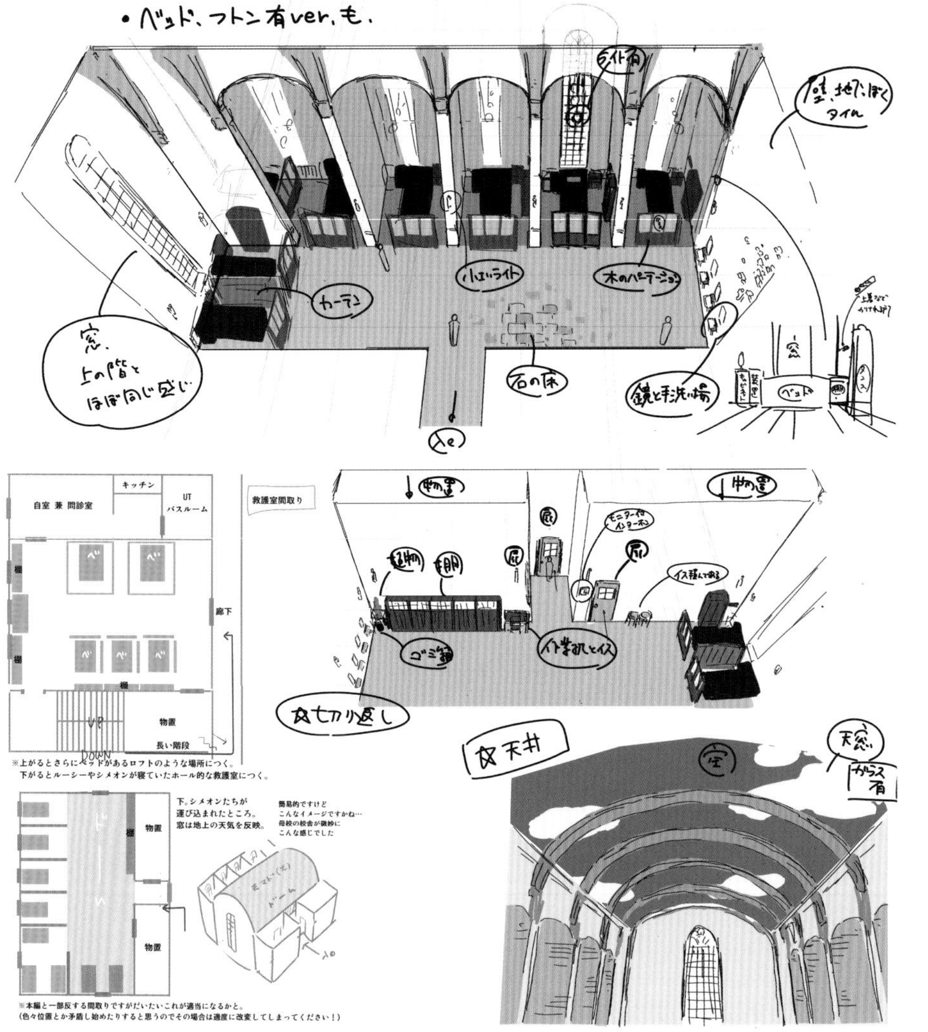

SEASON2
美術設定
救護室奥の部屋
デザインラフ

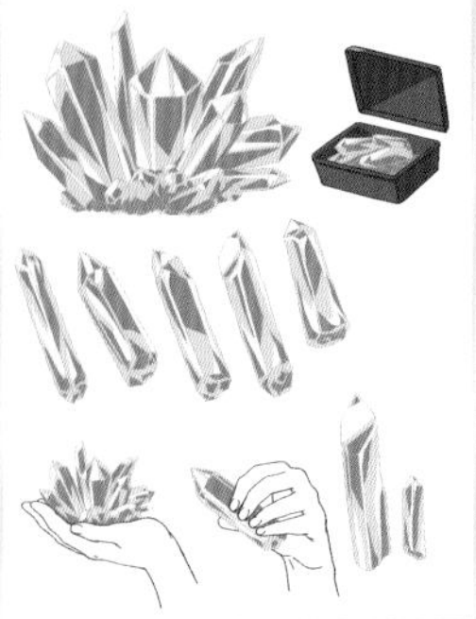

SEASON2
プロップ
設定 蓄石

SEASON2
美術ボード
学院 中庭

SEASON2 プロップ設定
ポプリ

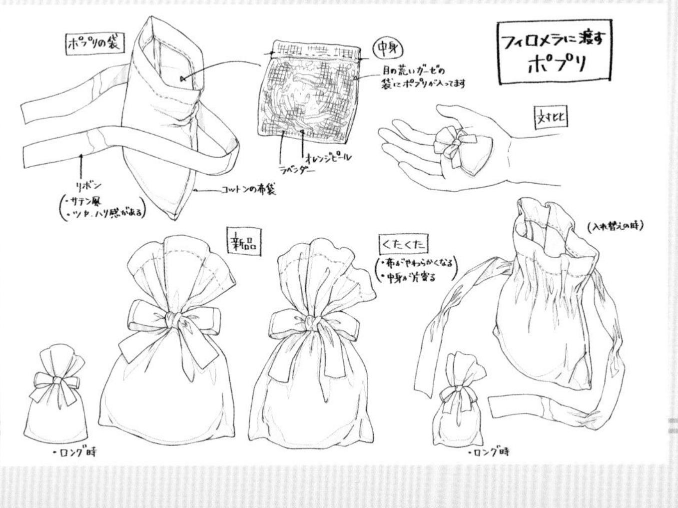

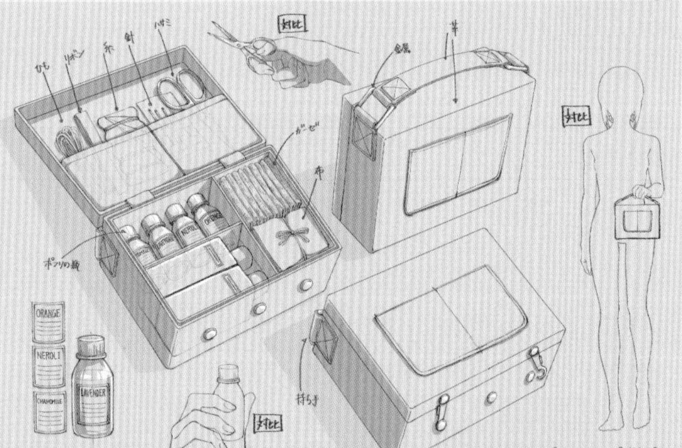

SEASON2 プロップ設定
チセの薬草セット

学院 中庭

噴水が配され色とりどりの花が咲く、生徒たちの憩いの場。チセがフィロメラと初めて出会った場所であり、後日、香りの薄くなったポプリを作りなおしてあげたのもこの場所。

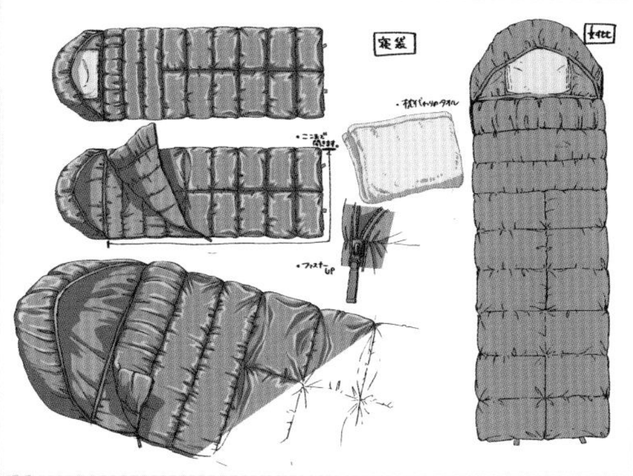

SEASON2 プロップ設定 寝袋

スコットランドの森
（ブッシュクラフト会場）

自然の中で暮らす知恵を学ぶ授業「ブッシュクラフト」でチセたちが訪れた森。誘喰馬（エッヘ・ウーシュカ）など、イングランドとは少し違う妖精たちが多く棲んでいた。

SEASON2 プロップ設定
マイナーズランプ

SEASON2 美術ボード スコットランド 森の中 キャンプ地 昼

SEASON2 美術設定
スコットランド
エッヘ・ウーシュカと
出会う川

SEASON2 美術設定 廃棄塔 階段

学院 廃棄塔

学院の危険物取扱所ともいえる場所。ルーシーの代わりに廃棄塔の採集アルバイトに参加したチセたちは、貴重な植物や鉱物を収集。途中、チセはザッケローニに襲われた。

SEASON2 美術設定
廃棄塔
（チセが襲われる場所）

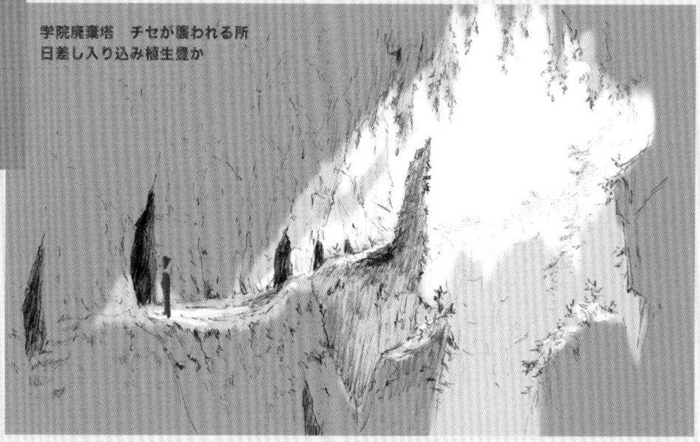

SEASON2
美術ボード
学院 管理塔
エントランス
昼

学院
エントランス

オークの木がそびえる、管理塔のエントランス広場。学院の中心にあり、教室塔や宿舎塔など各塔を移動する際はここを通ることになる。チセたちがパズルで遊んでいたのもこの場所。

SEASON2 プロップ設定 組み木パズル

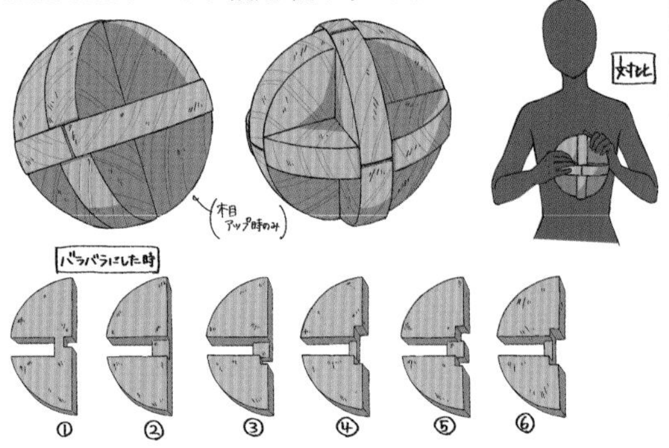

SEASON2
美術ボード
鍛練塔
鍛練場

SEASON2
プロップ設定
粘土と石

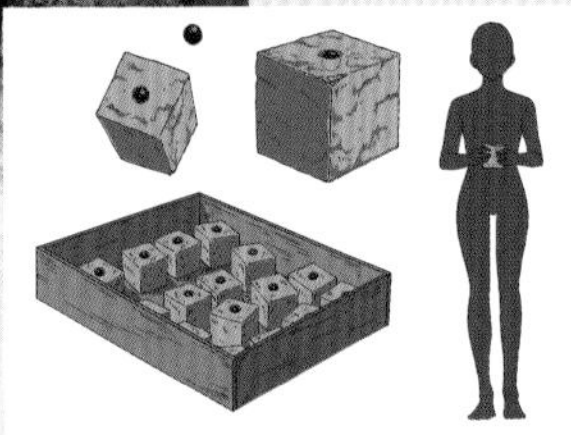

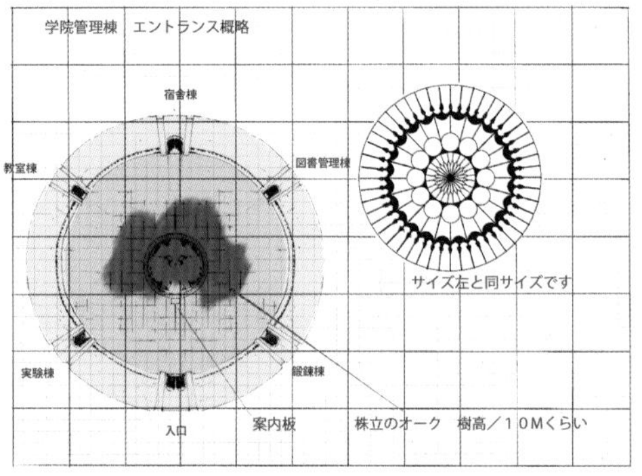

SEASON2 美術設定 学院 管理塔 エントランス 概略

学院 鍛練塔
鍛練場

運動や実習をするための鍛練塔にあり、広いスペースで身体を動かすことができる。アリスが訓練を行うのに使っていたほか、ザッケローニの〝特別授業〟の実施場所にもなった。

SEASON2 プロップ設定
スコーン

SEASON2 美術ボード
学院 個人庭園 内側

学院 個人庭園

生垣で細かく区切られた庭園で、申請すれば一区画をもらうことができる。目隠しの魔術で中に誰がいるかが外からわからないようになっているため、内緒の話をするのにうってつけ。

SEASON2
プロップ設定
家庭科室
アイリッシュ
シチューの材料

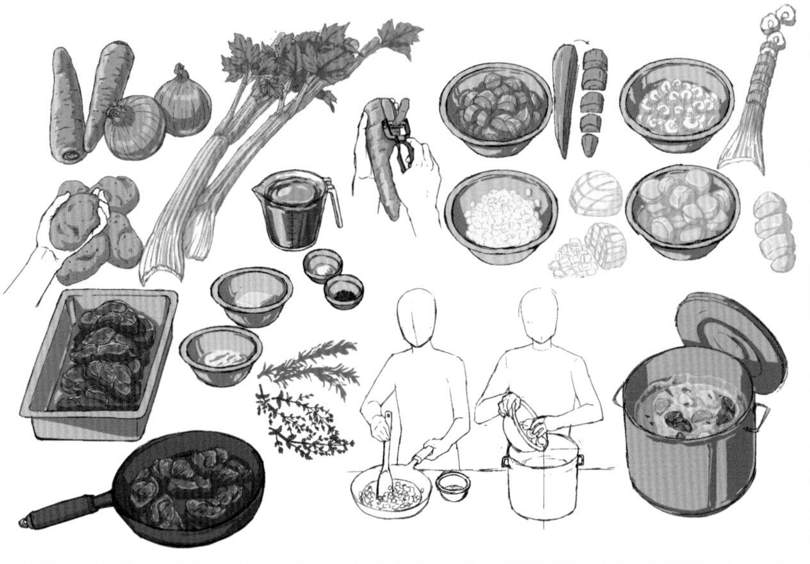

調理実習の アイリッシュシチュー

アイリッシュシチューとは、ラム肉や野菜を重ねて鍋に入れて煮込むアイルランドの郷土料理。チセたちはブッシュクラフトについて話し合いながら、調理に臨んだ。

SEASON2
プロップ設定
映画鑑賞セット

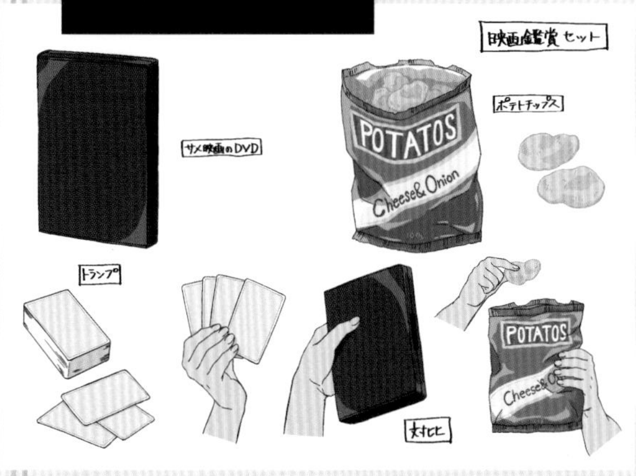

SEASON2 プロップ設定 肝試しセット

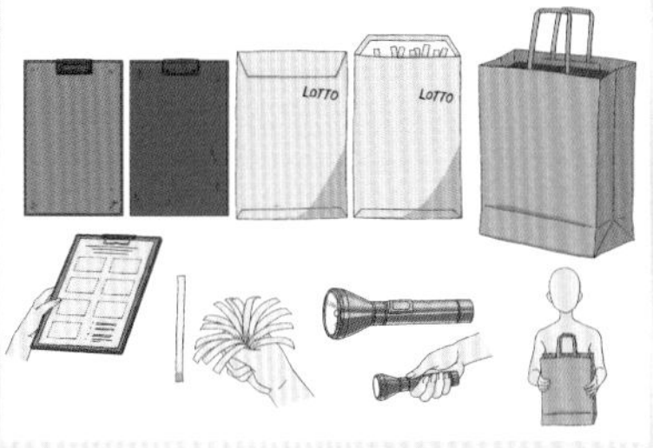

肝試しのアイテム

ヴァイオレットが企画した肝試しは、くじでペアを作って学院内の怖い噂が残る場所に行き、設置されたスタンプを押すというルールだった。最後はみんなで、サメ映画を鑑賞。

SEASON2 プロップ設定 リアンのナイフ

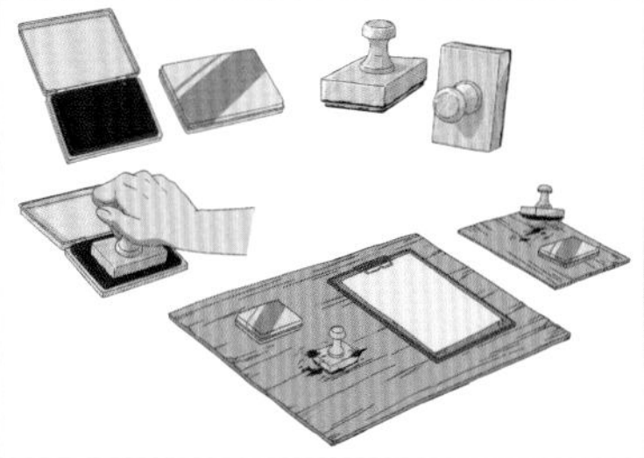

SEASON2 プロップ設定 スタンプ

「カルナマゴスの遺言」の写本

他者から魔力を奪う方法や死者を蘇らせる方法が記された魔術書。禁書として学院内に保管されていたが盗み出され、フィロメラの手に渡った。サージェント家での戦いののち、人狼の子どもが奪い去ってしまった。

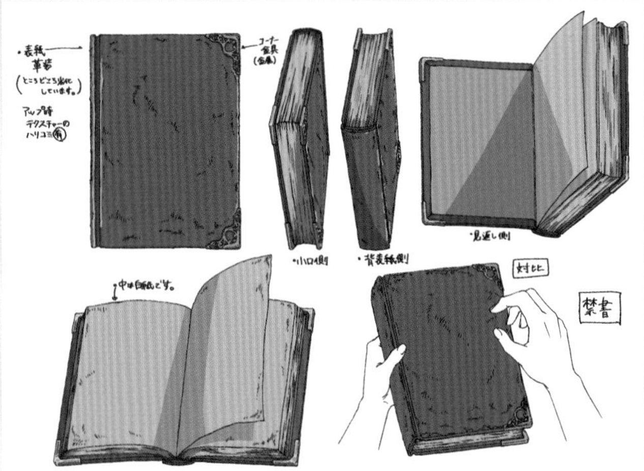

SEASON2 プロップ設定 禁書「カルナマゴスの遺言」の写本

リアンのナイフ

リアンが常備している小さなナイフ。「カルナマゴスの遺言」の写本の力で異形の姿と化したフィロメラに立ち向かった際には、刀身に自身の血を塗って変形させていた。

お守り

チセがルーシーたちにあげたお守り。小さく切った木の枝に「スリサズ」のルーンをあしらい、魔力がこもった水晶のかけらを付けてある。禁書をめぐる戦いの中でも、みんなの力になった。

SEASON2
プロップ設定
おまもりと
工具

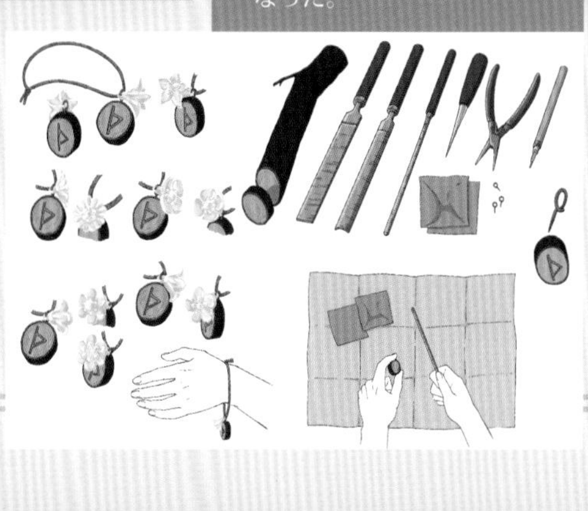

SEASON2 美術設定 サージェント家 外観

SEASON2 美術設定 サージェント家 見取り図

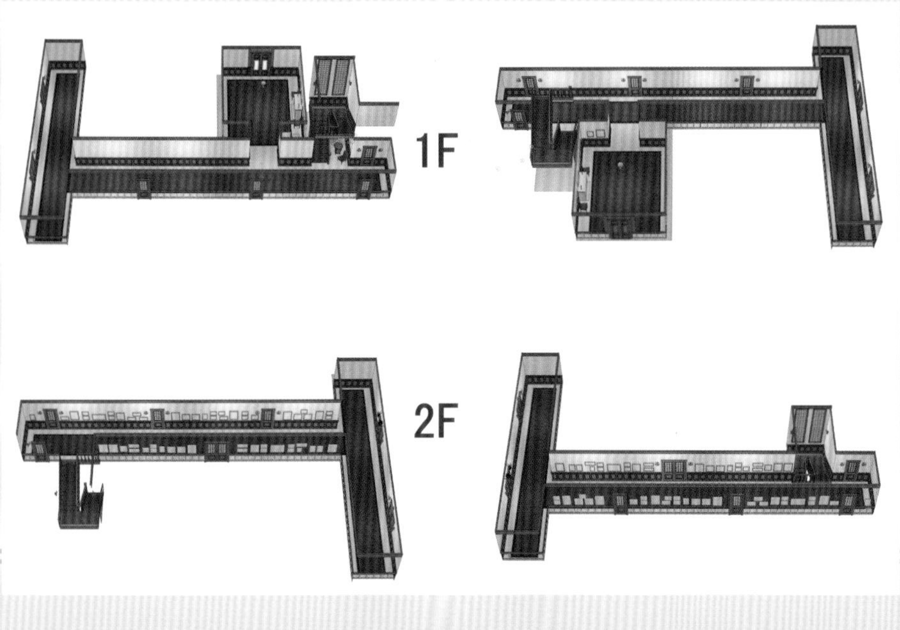

サージェント家

広大な森の中に立つ、フィロメラの実家。屋敷の造りは重厚だがいつも薄暗く、どこか陰鬱な雰囲気が漂っている。リズベスの仕事部屋である執務室の壁にはウェブスター家の蜘蛛の標本がかけられていた。

SEASON2 美術設定 サージェント家 森

SEASON2 美術設定
サージェント家 裏口

SEASON2 美術設定 サージェント家 執務室

SEASON2 美術設定 サージェント家 地下牢

公式SDキャラクター

SEASON1

物語を彩るキャラクターたちが、キュートなSDキャラクターに。チセやエリアスだけでなく、二人を見守るキャラクターたちが勢ぞろい！

チセとエリアス

ルツ

シルキー

SEASON2

SEASON2では「学院篇」から登場したチセのクラスメイト達がSDキャラに仲間入り。ストーリーに合わせて、チセのヘアスタイルも変わっている。

原画コーナー

SEASON1 第1話
チセに前を向かせるエリアス

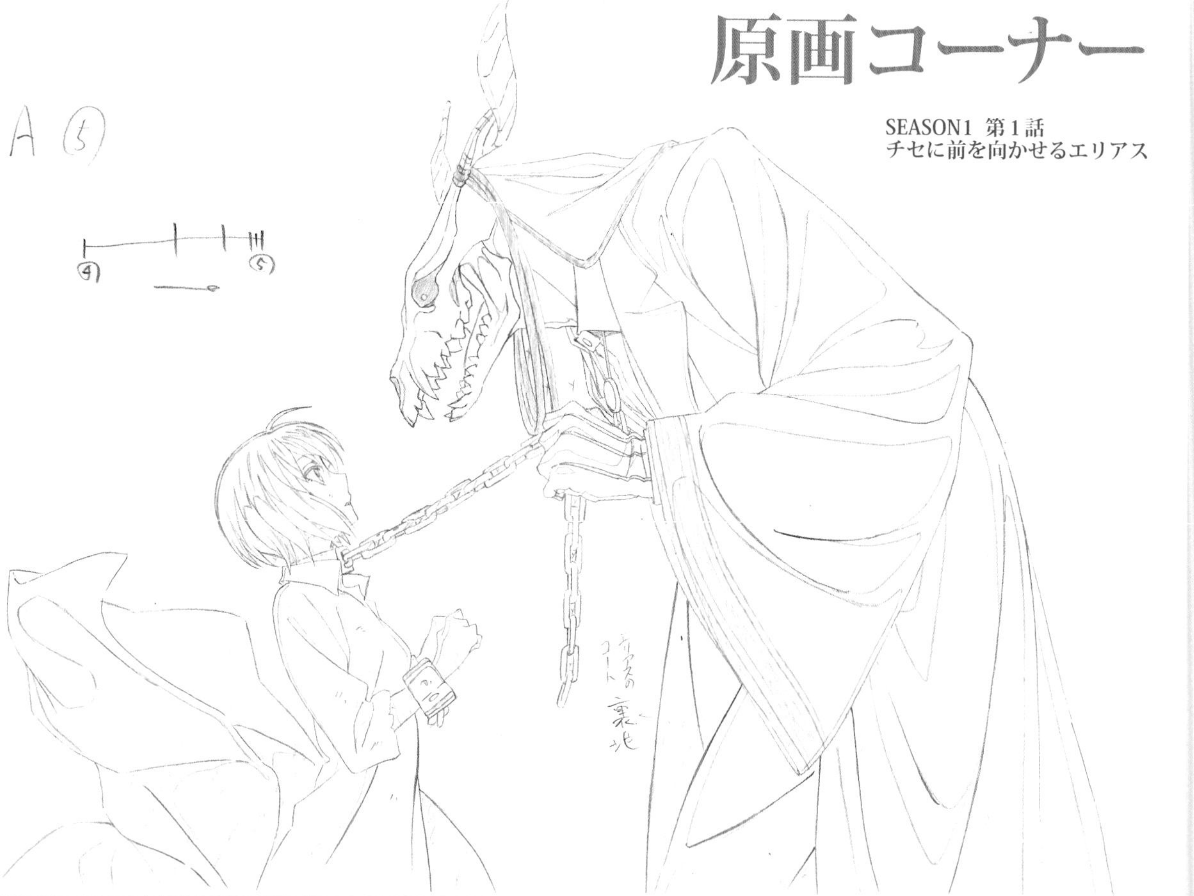

SEASON1 第11話 水鏡越しのチセとエリアス

SEASON1 第7話
怪異を追い払うルツ（ユリシィ）

SEASON1 第10話
今どきファッションのリンデル

SEASON1 第22話 幼き日の母との思い出

SEASON1 第23話 ヨセフとカルタフィルス、救いを求めて

SEASON1 第15話
泣き女（バンシー）から絹女給（シルキー）へ

SEASON1 第24話
チセとエリアス、一緒に歩く未来を誓う

SEASON2 第5話 ジャスミンを慰めるヴァイオレット

SEASON2 第1話 チセとローズ・リン

SEASON2 第7話
ヴェロニカの表情に
込められた感情は？

SEASON2 第7話 サバイバル術に長けるリアン

SEASON2 第6話
エリアスに掴みかかる
レンフレッド

SEASON2 第7話
在りし日の
フィロメラ

SEASON2 第11話
ルーシーを
引き止めようと
頑張るゾーイ

SEASON2 第9話 チセに〝悪〟を問うヨセフ

SEASON2 第12話 相対するアリスとレンフレッド

SEASON2 第13話
驚き顔のアイザックとゾーイ

SEASON2 第15話 泣けない目

SEASON2 第18話 寮母の餌付け作戦

SEASON2 第21話 人狼の呪いを解くゾーイ

SEASON2 第20話 チセに呼びかける冬の女神

SEASON2 第23話 崩壊するアルキュオネ

SEASON2 第22話
助けを求めるフィロメラ

SEASON2 第24話 チセとエリアス、その目線の先には……？

SEASON2 第24話
友の眼差し

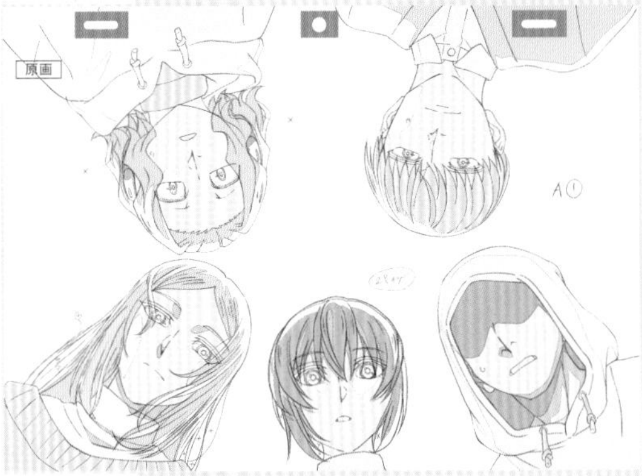

チセの部屋

枕からは草の匂いがする。最初は空っぽだった棚にも次第に小物が置かれるようになった。

エリアス邸案内

エリアス邸はロンドンの西、
イングランドの端に立つ石造りの家。
チセとエリアスがどんなところで暮らしているのか、
部屋の間取りやレイアウトを覗いてみよう。

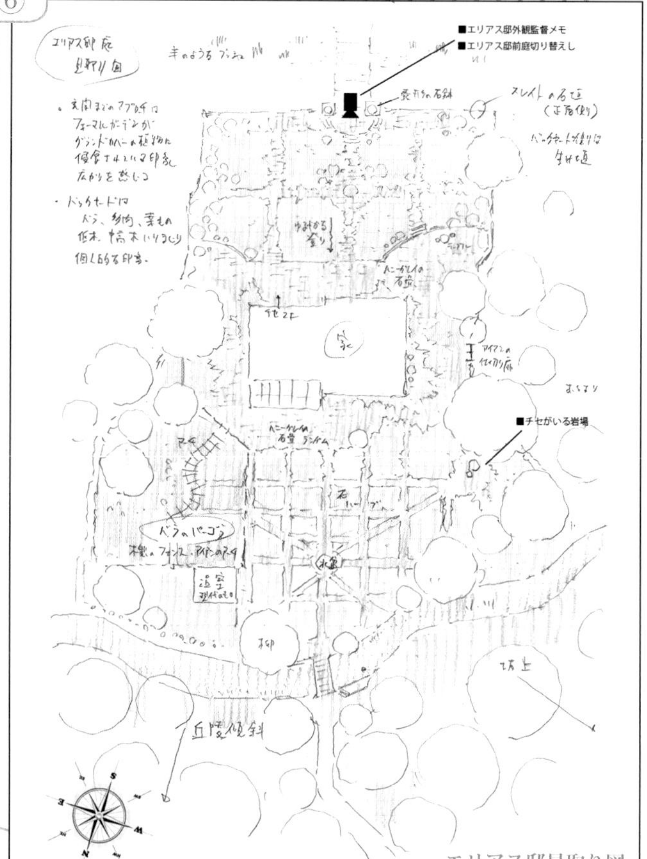

エリアス邸見取り図

温室　さまざまな植物が植えられた鉢が並ぶ。チセが雪蟲に襲われた際、エリアスはここで彼女を介抱した。

エリアスの書斎　本を並べても、書斎に棲む〝隣人〟たちによって勝手に場所を移動されることがある。

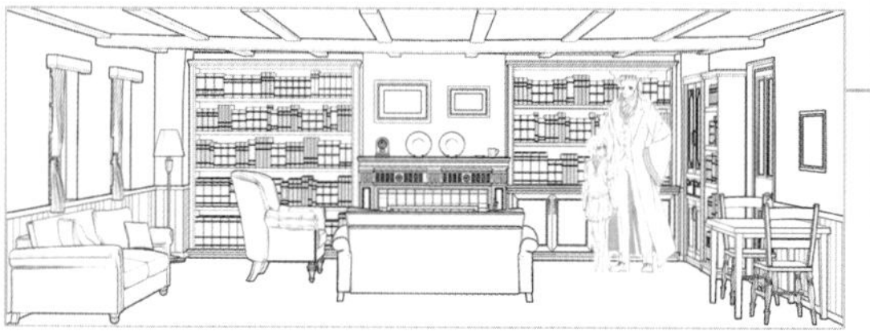

リビング

SEASON1の第15話でシルキーが模様替えをしたあとのレイアウト。右側に置いてある机はチセの作業机だ。

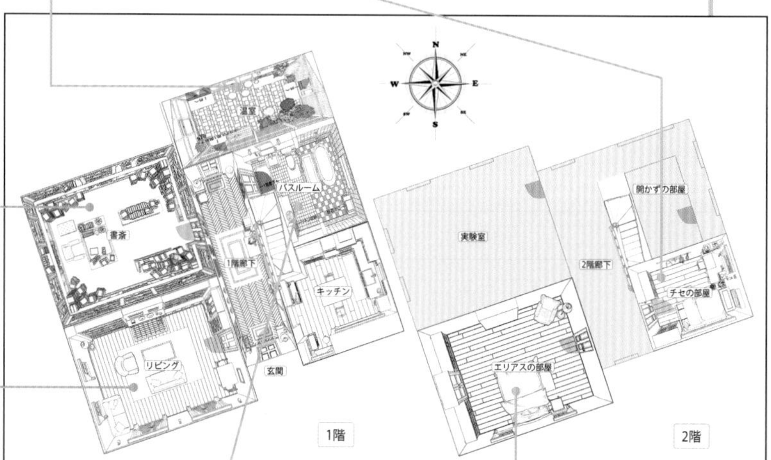

バスルーム

タイル貼りの部屋に猫脚のバスタブが配されている。左の戸棚はリネンなどの収納棚。

エリアスの部屋　必要最低限の家具のみのシンプルなインテリア。ベッドはチセとエリアスが一緒に寝られるほど大きい。

CHAPTER VII

ILLUST COLLECTION

SEASON1 TVティザービジュアル
レイアウト・原画／加藤寛崇　仕上・処理／小針裕子　背景／竹田悠介

SEASON1 第3弾キービジュアル
原画／加藤寛崇　仕上・処理／小針裕子　背景／竹田悠介

SEASON1 第1弾キービジュアル
原画／加藤寛崇　仕上・処理／小針裕子　背景／竹田悠介

SEASON1
第2弾
キービジュアル
原画／加藤寛崇
仕上・処理／
小針裕子
背景／平林いずみ
(Bamboo)

SEASON1 汎用版権

原画／横田匡史　キャラクター監修／加藤寛崇
仕上げ／小針裕子　美術／平林いずみ (Bamboo)

月刊アニメージュ 2016年9月号
描きおろしビジュアル

原画／井川麗奈　キャラクター監修／加藤寛崇　仕上げ／小針裕子　美術／竹田悠介　特効／荒畑歩美（チーム・タニグチ）

SEASON1 汎用版権

原画／西畑あゆみ　仕上げ／小針裕子　美術／坂倉敦子 (Bamboo)

SEASON1
汎用版権
原画／長谷川ひとみ
キャラクター監修／
加藤寛崇
仕上げ／小針裕子
美術／須藤裕美子
（Bamboo）

SEASON1
汎用版権
原画／井川麗奈
仕上げ／小針裕子
美術／坂倉敦子
(Bamboo)

SEASON1 汎用版権

原画／井川麗奈　キャラクター監修／加藤寛崇　仕上／小針裕子
美術／平林いずみ (Bamboo)　特効／荒畑歩美（チーム・タニグチ）

SEASON1 汎用版権
原画／伊藤香奈　キャラクター監修／加藤寛崇　仕上げ／小針裕子　美術／垣堺司 (Bamboo)

SEASON1 汎用版権
原画／長谷川早紀　キャラクター監修／加藤寛崇　仕上げ／小針裕子　美術／平林いずみ (Bamboo)　特効／荒畑歩美（チーム・タニグチ）

SEASON1 汎用版権　原画／長谷川早紀　仕上げ／小針裕子　美術／平林いずみ (Bamboo)

SEASON1 汎用版権　原画／片山貴仁　キャラクター監修／加藤寛崇
仕上げ／小針裕子　美術／平林いずみ (Bamboo)

SEASON1 汎用版権　原画／西畑あゆみ　キャラクター監修／加藤寛崇　仕上げ／小針裕子
美術／平林いずみ (Bamboo)　特効／荒畑歩美（チーム・タニグチ）

SEASON1 汎用版権
原画／鈴木美千代　キャラクター監修／加藤寛崇
仕上げ／小針裕子　美術／平林いずみ (Bamboo)

SEASON1
汎用版権
原画／佐藤誠之
3D レイアウト／
イノセユキエ
キャラクター監修／
加藤寛崇
仕上げ／小針裕子
美術／平林いずみ
(Bamboo)

SEASON1 イベントビジュアル　原画／井川麗奈　キャラクター監修／加藤寛崇　仕上げ／小針裕子

SEASON1 Blu-ray ジャケット 第2巻
レイアウト・原画／加藤寛崇　仕上げ・処理／小針裕子

SEASON1 Blu-ray ジャケット 第1巻
レイアウト・原画／加藤寛崇　仕上げ・処理／小針裕子

SEASON1 Blu-ray BOX パッケージ
原画／加藤寛崇　仕上げ・処理／小針裕子

SEASON1 Blu-ray ジャケット 第4巻
レイアウト・原画／加藤寛崇　仕上げ・処理／小針裕子

SEASON1 Blu-ray ジャケット 第3巻
レイアウト・原画／加藤寛崇　仕上げ・処理／小針裕子

SEASON2 ティザービジュアル
原画／徳岡紘平　仕上げ・処理／小針裕子

SEASON2 第1クールメインビジュアル
原画／徳岡紘平　仕上げ・処理／小針裕子　背景／田村せいき

月刊ニュータイプ 2023年6月号
描きおろしビジュアル
原画／中村佑美子　監修／徳岡紘平　仕上げ・処理／小針裕子

SEASON2 第2クールメインビジュアル
構成／寺澤和晃　原画／徳岡紘平　仕上げ・処理／小針裕子　背景／田村せいき

SEASON2 Blu-ray ジャケット 第３巻
原画／渡部由紀子　監修／徳岡紘平　仕上げ・処理／小針裕子

SEASON2 Blu-ray ジャケット 第２巻
原画／渡部由紀子　監修／徳岡紘平　仕上げ・処理／小針裕子

SEASON2 Blu-ray ジャケット 第１巻
原画／渡部由紀子　監修／徳岡紘平　仕上げ・処理／小針裕子

魔法使いの嫁 星待つひと 中篇メインビジュアル
レイアウト・原画／加藤寛崇　3D レイアウト／イノセユキエ
レイアウト監修／長沼範裕　仕上げ・処理／小針裕子　美術／益城貴昌

魔法使いの嫁 星待つひと 前篇メインビジュアル
原画／加藤寛崇　仕上げ・処理／小針裕子

魔法使いの嫁 西の少年と青嵐の騎士 中篇メインビジュアル
原画／徳岡紘平　仕上げ・処理／小針裕子　背景／田村せいき

SEASON2 Blu-ray ジャケット 第4巻
原画／渡部由紀子　監修／徳岡紘平　仕上げ・処理／小針裕子

魔法使いの嫁 西の少年と青嵐の騎士 後篇メインビジュアル
原画／徳岡紘平　仕上げ・処理／小針裕子　背景／田村せいき

魔法使いの嫁 星待つひと 後篇メインビジュアル
原画／加藤寛崇　3Dレイアウト／イノセユキエ
レイアウト監修／長沼範裕　仕上げ・処理／小針裕子　背景／平林いずみ

「魔法使いの嫁」とは

これまでドラマCD、OAD、TVシリーズ、舞台化が行われてきたヤマザキコレ原作の人気ファンタジー。特別な力を持っているがゆえに、孤独と不幸にまみれていた15歳の少女・羽鳥チセが、異形の魔法使いエリアス・エインズワースと出会ったことで、少しずつ大切なものを取り戻していく。SEASON1では、二人の出会いと心の変化が、SEASON2では学院を舞台にしたミステリアスな事件が描かれた。原作コミックは2023年12月21日から新章となる「獣殺し篇」の連載が始まっている。

制作スタッフ

［装丁・本文デザイン・DTP］	山川夏実
［編集］	後藤悠里奈
［ライティング］	浜田望生
［校正］	佐藤ひかり
［制作協力］	今川華蓮、橋本実咲（ツインエンジン） スタジオカフカ
［編集長］	後藤憲司
［副編集長］	塩見治雄
［担当編集］	石井 大

アニメ「魔法使いの嫁」公式コンプリートブック

2024年3月1日　初版第1刷発行

編集	MdN編集部
発行人	山口康夫
発行	株式会社エムディエヌコーポレーション 〒101-0051　東京都千代田区神田神保町一丁目105番地 https://books.MdN.co.jp/
発売	株式会社インプレス 〒101-0051　東京都千代田区神田神保町一丁目105番地
印刷・製本	図書印刷株式会社

Printed in Japan

定価はカバーに表示してあります。

【カスタマーセンター】
造本には万全を期しておりますが、万一、落丁・乱丁などがございましたら、送料小社負担にてお取り替えいたします。お手数ですが、カスタマーセンターまでご返送ください。

落丁・乱丁本などのご返送先
〒101-0051　東京都千代田区神田神保町一丁目105番地
株式会社エムディエヌコーポレーション カスタマーセンター　TEL：03-4334-2915

書店・販売店のご注文受付
株式会社インプレス　受注センター TEL：048-449-8040／FAX：048-449-8041

●内容に関するお問い合わせ先
株式会社エムディエヌコーポレーション
カスタマーセンター　メール窓口
info@MdN.co.jp

本書の内容に関するご質問は、Eメールのみの受付となります。メールの件名は『アニメ「魔法使いの嫁」公式コンプリートブック　質問係』をお書き添えください。電話やFAX、郵便でのご質問にはお答えできません。ご質問の内容によりましては、しばらくお時間をいただく場合がございます。また、本書の範囲を超えるご質問に関しましてはお答えいたしかねますので、あらかじめご了承ください。

ISBN978-4-295-20623-1　C0076